# 決定版 リブラ libra

## 世界を震撼させるデジタル通貨革命

木内登英
Kiuchi Takahide

東洋経済新報社

# はじめに——リブラは救世主か悪魔か

２０１９年６月、フェイスブックが満を持して新デジタル通貨リブラ（Libra）の発行計画を公表するやいなや、世界中で賛否両論が巻き起こった。

仮想通貨の信奉者らは、実際の支払いに使うことができる、しかもグローバルに使える初めての仮想通貨が登場したとして、大いに称賛した。いわば、救世主の登場といったところであろうか。ビットコインなど、これまで世の中に広まっていた仮想通貨は、投資対象としては活発に取引されても、支払い手段、つまり通貨としての利用は思ったように広がっておらず、期待外れだったからだ。

また彼らは、銀行口座を持てず、送金などの金融サービスを利用できない、あるいは利用できるとしても、手数料が所得と比してかなり高い負担となってしまう新興国の低所得者に、便利で低コストの金融サービスを新たに提供する、というフェイスブックの理念に強く共感あるいは陶酔したのである。

一方で、フェイスブックを含むプラットフォーマーの規制強化に取り組んできた欧米の当局、特に競争政策に関わる規制当局者らは、このリブラ計画に強い拒絶反応を示した。フェイスブックが、２０１６年の米大統領選挙で世論操作に利用されたことや、個人データ流出事件の記憶はまだ生々しい。そうしたなか、フェイスブックが金融分野でも市場独占、データ独占、プライバシーの侵害という問題を起こしてしまうのではないか、と強く警戒したのである。

また、中央銀行などの金融当局も、リブラは銀行経営に深刻な打撃を与え、金融政策の効果を損ね、マネーロンダリング（資金洗浄）などの犯罪を助長することなどを懸念した。彼らにとって、リブラは救世主ではなく悪魔のような存在であるのかもしれない。

しかし、リブラが今までの仮想通貨や、その他のデジタル通貨とは全く異なり、世界中にユーザーを一気に広げていく非常に高い潜在力を持っているということを、瞬時に見抜いたという点は、賛否両論に共通していたと言えるだろう。仮想通貨、デジタル通貨が持つプラスの面、マイナスの面の双方を、リブラは大きく増幅する可能性があるのだ。

本書では、こうした相反する2つの意見を踏まえて、世界はリブラとどのように向き合うべきなのかを論じる。筆者自身は、賛否どちらの立場にも与せず、中立的な立場でその解を探っ

リブラのロゴ
https://libra.org/en-us/white-paper/
出所：リブラ ホワイトペーパー

てみた。

さて、本書の構成を簡単に説明しよう。第1章では、リブラ計画の概要を説明している。第2章では、リブラなどデジタル技術の利用が経済の効率性を高め、ユーザーの利便性を向上させるというプラス面に焦点を当てた。第3章は、プラットフォーマーの独特のビジネスモデル、いわば生態を明らかにした。第4章は、それを踏まえて、フェイスブックのように大手プラットフォーマーが金融業に本格参入した場合、いったいどのような問題が生じ、銀行がどのように変容を迫られるのか、を展望した。第5章は、リブラなど民間デジタル通貨が中央銀行の業務、とりわけ金融政策に与える悪影響を概観し、その対応策としての中銀デジタル通貨発行の功罪を論じた。また、リブラと国家との間で繰り広げられることになるであろう通貨主権を巡る争いについても展望した。第6章では、リブラ計画の底流にある、米国と中国との通貨覇権の争いの構図をみた。

こうした議論を踏まえて、最後の第7章では、リブラのマイナス面を押さえ、プラス面を最大限活かすために必要な方策について検討した。それが実現すれば、リブラと国家、中央銀行、民間銀行とが共存でき、リブラ発行の果実を多くの人が享受できる、新たな金融制度が形作られていくだろう。それが望ましい世界の金融の未来予想図である。

なお、本書の執筆時点（2019年10月29日）では、リブラ計画は強い逆風に晒され続けている。

2019年10月に開かれたG20（20カ国）地域財務相・中央銀行総裁会議は、リブラなどステーブルコイン（23頁参照）には「深刻なリスク」があるとし、厳格な規制を導入することで合意した。また同月に行われた米議会での公聴会で、フェイスブックのマーク・ザッカーバーグCEO（最高経営責任者）は、「当局の承認が得られるまで発行しない」と証言している。さらに、リブラ協会の設立メンバーから離脱する企業も出てきた。

これらによって、リブラ計画が頓挫してしまう状況には未だないと思われるが、仮に行き詰まってしまうことがあるとしても、本書の価値が毀損するわけではないと自負している。なぜなら、リブラ計画が頓挫しても、遅かれ早かれ、第2、第3のリブラ、つまりグローバルデジタル通貨は必ず出てくるからだ。

リブラについて証言するフェイスブックのマーク・ザッカーバーグ CEO
写真：AP／アフロ

ザッカーバーグCEOやリブラ協会の責任者は「中国が近いうちに法定デジタル通貨を発行する」としている。また、フェイスブック以外のプラットフォーマーも、グローバルデジタル通貨の発行を計画する可能性がある。

リブラ計画によって、従来の金融の世界をひっくり返す、いわば「パンドラの箱」は既に開けられてしまったのであり、そのデジタル金融の新たなムーブメントを逆行させることはもはやできない。我々がいま真剣に考えなければいけないのは、それを現在のシステムにどのように受け入れていくかだけなのだ。

本書が、リブラを理解することの助けとなるばかりでなく、ユーザーの利便性を最大限に高める将来の金融の姿を考える上での一助となることを期待したい。

木内登英

決定版 リブラ◉目次

# 第3章 プラットフォーマーの進撃

# 第4章 リブラは銀行制度を破壊するのか

# 第5章 中央銀行と国家に挑戦するリブラ

## 第6章 リブラは米中通貨覇権戦争の引き金に

## 第7章 2025年の金融予想図

中国の中銀デジタル通貨発行計画を加速させたリブラ／中銀デジタル通貨は現金を代替／銀行口座に依存しないデジタル通貨／個人は民間銀行などを通じて中銀デジタル通貨を入手する仕組み／匿名性を高めることで利用を促す／金融政策の効果を高める狙いも／人民元の国際化の起爆剤に／三つ巴の国際通貨覇権争いの構図も

第 1 章

# 世界に衝撃を与えたリブラ計画

section 1-1

# フェイスブックが発行する新デジタル通貨リブラ

## 今までのデジタル通貨と全く異なるリブラ

米ＳＮＳ（ソーシャル・ネットワーキング・サービス）大手のフェイスブックが発表した新デジタル通貨「リブラ（Libra）」の発行計画は、世界を震撼させた。その概要は、２０１９年６月18日に公表されたホワイトペーパー（白書）〔＊１〕で明らかにされている。

世界には、民間企業が発行・運営するデジタル通貨、つまり、デジタル形式で価値が保存され、現金と同様に商品購入の支払い、送金などに使うことができるデジタル決済（支払い）の手段は既に多く広まっている。日本では、電子マネーの利用が相当根付いてきた。また最近は○○ペイ、と呼ばれるスマートフォンでの支払いサービスに、ＩＴ企業、小売企業、通信企業、銀行など様々な業種が挙《こぞ》って参入し、まさに混戦状態となっている。さらに、ビットコインをはじめとした仮想通貨（暗号資産）もデジタル通貨の一種とされる。

リブラは、既に利用されているこれらのデジタル通貨とは、実は大きく異なるものだ。それがゆえ、これほどまでに注目を集めているのである。では、何が他のデジタル通貨と違うのだろうか？　それは、大きく以下の3つの点である。

・一国にとどまらないグローバル（超国家）通貨
・価値の安定のため主要通貨のバスケットに連動
・大手プラットフォーマーが主導

そしてこのリブラは、2020年前半にサービスを開始することを予定している。仮に予定どおりに開始されるのであれば、それまでに残された時間はかなり限られる。

## 世界の金融当局はなぜリブラに強い警戒心を抱くのか

リブラは、仮想通貨の信奉者などを中心に、一部では大いに称賛を浴びている。他方で、世界の金融当局や米国政府・議会などから強い警戒が一斉に示されるなど、その評価はまさに二分されている状況だ。

リブラの発行計画に対して、世界の金融当局あるいは米国政府・議会などが、一斉に強い警戒心を剥き出しにした背景には、大きく2つの理由があるのだろう。第1は、リブラには、現在流通している仮想通貨とはけた違いに、小口の支払い手段としてグローバルに利用される潜在力があることを、彼らが一瞬にして見抜いたからだ。

フェイスブック関連のアプリ、つまりSNSのフェイスブック、写真投稿アプリのインスタグラム、メッセージアプリのワッツアップ（WhatsApp）、メッセンジャーの利用者総数は、現在約27億人に達しているとされる。これは、2018年の世界の総人口の実に37％程度、つまり3人に1人程度に相当する。

フェイスブック関連アプリの利用者が、そのアプリ上で一斉にリブラを利用し始めれば、

米下院金融サービス委員会が開いたリブラに関する公聴会。左端がカリブラ社（Calibra）のデビッド・マーカス代表
写真：ロイター／アフロ

現在流通している仮想通貨とは到底比較にならないほど、支払い手段として世界に一気に広がる可能性がある。リブラにはそのような潜在力があるのだ。

それゆえに、この新デジタル通貨が、金融システムを不安定化させるリスク、金融政策の有効性を低下させるリスク、マネーロンダリング（資金洗浄）など犯罪に利用されるリスク等を大きく高めることが懸念されたのである。

そして、第2は、この構想を設計し、また少なくとも当面の運営を主導するのが、大規模な個人データ流出問題を引き起こして世界中から強い批判を浴びたフェイスブックだったという点である。

section
1-2

# 今までの仮想通貨と何が違うのか

## ビットコインとの違い

リブラの真の姿を知るには、現在存在しているあまたの仮想通貨とは全く異なる存在だ、という点をまず理解しておく必要があるだろう（**図表1－1**）。たとえばビットコインに代表される従来の仮想通貨は、投資・投機対象としては引き続き強い関心を集めているものの、支払い手段としての利用はかなり限られているのが現状である。主として、仮想通貨のボラティリティ（価格変動率）が非常に高いことが原因だ。

ＩＭＦ（国際通貨基金）によれば、ビットコインのボラティリティは、ほとんどのＧ７（主要７カ国）通貨間の価格変動率の10倍程度にも達している〔＊2〕。また、通貨危機に見舞われているベネズエラの通貨の対ドルレートの変動率よりも高いという。

価格のボラティリティが高いと、値上がり益で儲けることもできるため、投資対象としての

**図表 1-1 ● リブラとビットコインの比較**

| | リブラ | ビットコイン |
|---|---|---|
| 管理体制 | リブラ協会による<br>中央集権型管理 | 管理者はいない |
| 取引システム | 許可型（コンソーシアム型）<br>ブロックチェーン | 非許可型<br>ブロックチェーン |
| 取引認証作業のメリット | リブラ協会への出資に応じたリブラ・リザーブの運用益の分配金受取 | 認証作業による<br>ビットコインの取得<br>（マイニング、採掘） |
| 発行量のコントロール | 需要に応じて新規に発行、消却する。コントロールはしない | 2,100万枚が上限。<br>2040年頃に上限に<br>達する見込み |
| 価値の安定 | 比較的安定<br>（主要法定通貨の<br>バスケット価値に連動） | 非常に不安定 |
| 投資対象 | 魅力はない | 価格変動が大きいため<br>一定の魅力がある |
| 支払い手段としての利用 | 広がる可能性 | 広がりにくい |
| 金融政策への影響 | 悪影響が及ぶ<br>可能性がある | 悪影響が及ぶ<br>可能性は小さい |
| 銀行制度への影響 | 大きな影響が及ぶ<br>可能性がある | 影響が及ぶ<br>可能性は小さい |

出所：野村総合研究所

魅力が高まる面がある一方、支払い手段としては非常に使い勝手が悪く、その利用は広がりにくい。例えば、店舗がビットコインで商品の代金を顧客から受け取っても、それを円に換えるまでに時間がかかり、その間にビットコインの価格が円に対して下落すれば、損失が生じてしまう。そのため、ビットコインでの支払いを受け入れる店舗は広がらないのである。

仮想通貨のボラティリティの高さは、それが本源的な価値を持っていない、ということに端を発していると考えられる。

ところが、リブラは、仮想通貨のように投資対象、あるいは価値の貯蔵手段として利用されることを最初から意図しておらず、もっぱら支払い手段として利用されるのを狙って発行される。そのため、価格の安定性に最大限配慮された設計となっているのである。

## リブラはステーブルコインの代表格に

リブラの価値は、主要法定通貨のバスケットと連動して決まる仕組みだ。通貨のバスケットとは、ウェイト付けされた複数通貨のレートを加重平均して算出した価格であり、それと連動させるのである。主要法定通貨は、ドル、ユーロ、円、ポンドなどになろう。

そのような設計としたのは、世界中どこでも使われる「グローバル通貨」を目指したからに他ならない。

フェイスブックは、ドルの構成比率が半分程度になると説明している。この仕組みは、ＩＭＦが加盟国の準備資産を補完する手段として創設したＳＤＲ（特別引き出し権）がモデルになっていると考えられる。

例えば、日本でのリブラの利用を考えてみよう。電子マネーや○○ペイなどのスマートフォン決済は、全て円建てで取引される。ここには円に対する価格変動のリスクは全く生じない。ところが、主要法定通貨バスケットと連動して価値が決まるリブラの場合には、リブラの対円レートは常に変動する。

しかし、リブラの価値は複数通貨の価値の変動に応じて変化するため、円とドルなど他の一つの通貨との間の交換レートの変動よりも小さくなる。この点が、主要通貨バスケットと連動して価値が決まるリブラの魅力となる。そして、リブラと円との交換レートは、ビットコインと円との交換レートの変動と比べれば格段に小さい。そのため、価値の変動をあまり気にせずに、ユーザーはリブラを保有して、それを買い物に使うことができるのである。

価格変動が大きいゆえに支払い手段として使いにくいという仮想通貨の欠点を軽減するために、法定通貨との間の価格変動を小さくする仮想通貨は既に多く生み出されている。それらは、ステーブルコインと言われている。リブラが発行されれば、ステーブルコインの代表格となるだろう。

## 許可型ブロックチェーンとしてスタート

ここで、リブラの発行・管理の仕組みを概観してみよう。リブラの新規発行、また消却（買入れ）は、スイスに設立されたリブラ協会（The Libra Association）が一手に担う。このリブラ協会には、フェイスブックの子会社カリブラ社、マスターカード、ビザといったカード会社、ペイパル、ウーバーといったフィンテック（Fin Tech）、テクノロジー企業を含め、当初28の企業・団体が設立メンバーとして参加を表明した。2019年10月にペイパル、ビザ、マスターカードなど7社が離脱し、現在は21である（2019年10月29日時点）。

サービス開始時には、メンバーは100程度にまで増える見通しだという。そのメンバーになるには、1000万ドル以上を投資してリブラ投資トークンを購入する必要がある。このメンバーが、リブラ協会の出資者であり、また、ブロックチェーン上でのリブラの取引認証作業を担うことにもなる。

この認証作業は、不特定多数の人が参加できるビットコインのような非許可型ではなく、限られたメンバーによって行われる許可型（あるいはコンソーシアム型）だ。ただし、フェイスブックは、5年後にはこの許可型を非許可型へと転換し、誰でも認証作業に参加できる仕組みにすると説明している。

しかし、非許可型とするには、参加者にとって認証作業が利益を生むようなインセンティブの仕組みが新たに必要となる。ビットコインの場合であれば、参加者が認証作業を行うことで新たにビットコインを獲得することができる（マイニング、採掘）。それがインセンティブだ。

ところが、リブラにはこうした仕組みはない。その中で、新たにどのようなインセンティブの仕組みを作り出し、許可型モデルを非許可型モデルに転換できるのかについては、今のところ全く不明である。

section

1-3

# 中央銀行の役割を果たすリブラ協会とは

## リブラ・リザーブとは何か

リブラの価値を主要な法定通貨のバスケットと連動した水準に維持するには、リブラの発行・消却を担うリブラ協会が、いつでもその価格水準でリブラを買い取ることを保証し、それがユーザーに信頼されることが必要となる。そのためには、バスケットを構成する主要通貨建てで、かつ流動性の高い、つまりいつでも換金できる金融資産を常に準備しておかねばならない。

ユーザーのリブラの取引は、認定再販業者と呼ばれる取引所で行うことが想定されているが、新たにリブラを発行する、あるいは買入れて消却するのは、リブラ協会に限られる。そして、リブラ協会は、リブラを発行するとそれと同額の主要通貨建て資産を保有することになる。これが、リブラ・リザーブと呼ばれるものだ。

リブラ・リザーブは、主要法定通貨の銀行預金、短期国債で運用される。これらは流動性が高く、また信用力が高い安全資産だ。それによって、リブラ協会はいつでもリブラの換金に応じることができ、リブラの価値が保証される。また、リブラ・リザーブを安全資産で保有することで、それらの価値が下落して、換金に応じるのに十分な金融資産の準備が無くなってしまう、という問題が生じるリスクも低くなるのである。

## リブラは中央管理型システムに

こうしてみると、リブラ協会は、まさに通貨の発行を担い、また通貨価値の安定を担う、中央銀行に近い役割を果たすことが分かる。特に、法定通貨の価値を保証するために、いつでも金などとの交換を約束する、かつての兌換制度の下での中央銀行の役割に似ている。

ただし、法定通貨の場合には、中央銀行だけでなく、民間銀行も銀行預金という通貨（マネーストック）を自ら増減させることができる。それに対して、リブラ協会は、通貨発行権を独占するる。こうした点を踏まえると、リブラ協会は、既存の中央銀行よりも大きな権限を持つという側面もある、と言えるかもしれない。

このように、リブラ協会が通貨の発行、消却などを担う中央管理型システムで、中央銀行に近い役割を果たすことも、従来の仮想通貨と大きく異なる点である。ビットコインは、政府、中央銀行、銀行制度などを強く否定し、マネーを人々の手に取り戻す、という社会思想の下に生み出されたものだ。そのため、管理者はおらず、マネーの発行量を裁量的にコントロールするようなことはしないばかりか、意思決定を行う仕組みも全くない。

　そのため、ビットコインに何らかの問題が生じた際には、それを解決する仕組みがないことで、大きな混乱を招くリスクが高まる。実際、過去に見られたビットコインの分裂では、そのような欠点が露呈されたと見ることができるだろう。しかし、そうした混乱はあっても、管理者がいないことこそが、多くの人々がビットコインに惹きつけられてきた重要な理由なのだ。

リブラ協会のメンバー（2019年10月29日時点）
https://libra.org/en-us/partners/
出所：リブラ ホワイトペーパー

## リブラ協会は中央銀行と競合しない

リブラは、少なくともスタート時にはリブラ協会という中央管理者を持つ。現金などの通貨が中央銀行の債務であるように、リブラはリブラ協会が常に安全資産との交換に応じることを約束した、リブラ協会の債務である。

これに対して、仮想通貨は誰の債務でもなく、単なる資産である。この点からもリブラは今までの仮想通貨と全く違うものと言える。

さらに、リブラは、その価値を既存の主要通貨に連動させ、また、リブラ協会は、リブラ・リザーブを銀行預金や短期国債の形で保有することで、既存の金融システムとも強く結びついている。この点も、既存の金融制度を否定する傾向が強い、ビットコインなどの仮想通貨とは異なるのである。

他方、リブラの新規発行は、利用者の需要に基づいて受動的になされる仕組みとなっている。リブラ協会がその意思で、リブラの発行量をコントロールすることはない。仮にそれが実施されれば、まさに金融政策に近いものとなる。

リブラ協会はこうした金融政策を行わず、中央銀行と競合する存在ではないということを、フェイスブックは強調している。

section 1-4

# フェイスブックの真の狙いは何か

## 社会的な意義としての金融包摂

ホワイトペーパーの中でフェイスブックがことさら強調しているのは、リブラが金融包摂(ファイナンシャル・インクルージョン)に貢献する、という社会的な意義だ。金融包摂とは、金融サービスを受けられない人々に、新たに金融サービスにアクセスできるような環境を整えることであり、世界銀行は、「全ての人々が、経済活動のチャンスを捉えるため、また経済的に不安定な状況を軽減するために必要とされる金融サービスにアクセスでき、またそれを利用できる状況」と定義している。

他方で、こうした説明を、フェイスブックが自らの勢力圏拡大の意図などを覆い隠すものだ、と疑って考える向きも少なくないだろう。

フェイスブックは、世界中で17億人の銀行口座を持たない人(アンバンクト:unbanked)に対して、リブラは支払い手段を新たに提供できる、とその意義を主張している。また、貧しい人の支払いコストを軽減することにも役立つとしている。

現在の決済システムは、多くの人、とりわけ貧困層にとってかなりコストが高い、という問題点があることは否定できない。世界銀行によると、新興国の出稼ぎ労働者は、本国への送金に平均で6・9％の手数料を支払っているという。

## 強い逆風下でなぜリブラ計画を発表したのか

フェイスブックのリブラ発行計画については、世界中の金融当局や米国議会から、それを強く警戒する意見が噴き出している。リブラ計画の発表直後に、米下院金融サービス委員会のマキシン・ウォーターズ委員長（民主党）は、「仮想通貨の開発停止に合意するようフェイスブックに要求する」との声明を発表した。世界の金融システムの安定を監視するＦＳＢ（金融安定理事会）も、各国の首脳に書簡を送り、事実上リブラを名指しして規制を求めた。

詳細については第3章に譲るが、個人データの流出が２０１８年に発覚したのをきっかけに、フェイスブックは世界中で強い批判に晒され、コンテンツのチェックや個人データの利用、管理について厳しい対応を求められた。

さらに足もとでは、米国の反トラスト法（独占禁止法）の適用を視野に入れた司法当局の捜査の手も着実に及びつつある。フェイスブックを含め大手プラットフォーマーである、いわゆるＧＡＦＡ（グーグル、アップル、フェイスブック、アマゾン）の解体を主張する意見も米議会には出ている。

こうした極めて強い逆風の環境の下で、フェイスブックがグローバル規模でデジタル通貨を発行し、新たに金融分野へと足を踏み入れることを宣言すれば、それだけで多くの批判を浴びることは目に見えていた。

それにもかかわらず、このタイミングでフェイスブックがリブラの発行計画を公表したのはいったいなぜだろうか。

## ビジネスモデルの修正を迫られるフェイスブック

リブラの開発停止を求める米下院金融サービス委員会のウォーターズ委員長
写真：AP／アフロ

2012年にフェイスブックは、5つの経営理念を高々と発表している。影響力を重視（FOCUS ON IMPACT）、迅速に行動（MOVE FAST）、大胆であれ（BE BOLD）、オープンであれ（BE OPEN）、社会的価値を築く（BUILD SOCIAL VALUE）の5つだ。

最後の社会的価値については、「フェイスブックは単に一企業を築くために存在しているのではなく、より開かれ、つながった世界を作るために存在している。フェイスブックで働く者全てには、日々のあらゆる活動において、世界にとって真に価値あるものをどのようにして築くか、という点に力を注いでもらいたい」と説明されていた。

リブラ計画は、こうしたフェイスブックの理念の延長線上にあると考えることもできるだろう。リブラ計画の概要を示すホワイトペーパーでは、以下の6つの理念が打ち出されているが、特に社会的価値を築く（BUILD SOCIAL VALUE）、というフェイスブックの企業理念と重なる部分は多い。金融包摂を推進することが、大きな社会的な意義を持つという点が強調されているのである。

- もっと多くの人が金融サービスや安価な資本を利用できるようにする必要がある、と私たちは考えます。
- 人には合法的な労働の成果を自分でコントロールする生まれながらの権利がある、と私たちは考えます。

・グローバルに、オープンに、瞬時に、かつ低コストで資金を移動できるようになれば、世界中で多大な経済機会が生まれ、商取引が増える、と私たちは考えます。
・人びとは次第に分散型ガバナンスを信頼するようになる、と私たちは考えます。
・グローバル通貨と金融インフラは公共財としてデザインされ統治されるべきである、と私たちは考えます。
・私たちには全体として、金融包摂を推進し、倫理的な行為者を支援し、エコシステムを絶え間なく擁護する責任がある、と私たちは考えます。

リブラ計画には、金融包摂の推進など社会的意義を強調することで、フェイスブックのイメージアップを図る狙いがあるのだろう。しかし、本当の狙いはそれにとどまらない可能性もある。

規制強化の流れの中で既存のビジネスモデルが修正を迫られる中、フェイスブックがビジネスモデルの転換と新たな収益源の確保を狙った、という側面もあると予想される。そのからくりを次に見てみよう。

section
1-5

# リブラは儲かるビジネスか

## 中央銀行の利益を減らすリブラ

リブラを運営するリブラ協会の創設メンバー（フェイスブックの子会社カリブラ社を含む）には、民間銀行は含まれていない。これは、民間銀行がリブラを自らの決済（支払い）業務を侵食していく、いわば将来の敵と見なしているからだと推察できる。

しかし、リブラによって代替されやすいのは、民間銀行が提供する銀行預金よりも、圧倒的に現金だろう。預金金利には金利が付くが、リブラは現金と同様に金利が付かないからだ。

BITCOIN IRAによると、2017年時点で世界の現金発行額（流通額）は31兆ドルと推定されている。仮にリブラが本格的に利用されるようになれば、この世界の現金発行額は、かなり減少する可能性がある。既に見たように、フェイスブック関連アプリの利用者数は現在27億人で、2018年の世界の人口73億人の37％程度、実に3人に1人程度にまで達している。

彼らが一気にリブラを利用し始めれば、現金の利用は大きく減少するだろう。

ややや極端な前提だが、仮に将来、リブラが世界の現金発行額の37％程度を代替する、つまり減少させるとした場合、現金は11・5兆ドル、1240兆円程度減少してしまう計算になる。後に第5章で詳しく見るが、現金がリブラに代替されることで、中央銀行の利子所得は減ってしまうのだ。そして、それと引き換えに利益をあげることになるのが、このリブラ協会である。

リブラ協会は、リブラの発行と引き換えに受け取る代金を、主要法定通貨で構成される銀行預金や短期国債などで保有する。これがリブラ・リザーブだ。そこには巨額の運用収益が発生する可能性がある。その規模を大胆に推計してみよう。

## 利用が広がると巨額の収益が得られる仕組み

仮にリブラが世界の現金11・5兆ドルを代替する場合には、ほぼ同額のリザーブをリブラ協会が保有することになる。リザーブの構成はなお不明だが、全て米国短期国債で保有すると仮定した場合には、現在では年率2％程度の利子所得が発生することになる。その規模は2300億ドル、25兆円程度にも及ぶ。

この収入は、リブラのシステムの運営費を賄うことに使われる一方、フェイスブックの子会社カリブラ社を含むリブラ協会のメンバー、つまり出資者に分配される。リブラ協会のメンバーは現在の21の組織（2019年10月29日時点）から、100の組織以上にまで増やすことが計画されている。

メンバーになるには1000万ドル以上を出資することが求められるが、仮に100の組織がそれぞれ1000万ドルを出資して、リブラ投資トークンを購入するものとしよう。その場合、それぞれの組織は2300億ドルの100分の1の23億ドルを毎年手にすることになる。これは、出資額1000万ドルの実に230倍もの利益である。このようにリブラ計画は、金融包摂という高邁な理念とは別に、上手くいけば相当儲かるビジネスなのである。

超低金利環境の下では、しばらくは、儲けはそれほど大きくないかもしれないが、将来、主要通貨国の金利水準が高まれば、利益はさらに大きくなっていく。

中央銀行は通貨発行に関わって得る利子所得（シニョレッジ、通貨発行益）を国庫に納付し、社会に還元しているが、リブラ協会はそうはしない。この点では、同じ社会インフラを担う存在であっても、既存の中央銀行とリブラ協会との間には大きな違いがある。

section
1-6

# リブラ協会のガバナンス構造

## フェイスブックはリブラ協会の1メンバー

「個人データ流出問題などで世間を騒がせたフェイスブックが、また何かを企んでいる」「こっそりと儲けようとしている」との批判に事前に応えるために、フェイスブックは、リブラの発行、運営を担うリブラ協会のメンバーのひとりに過ぎないということを折に触れて強調している。

2019年6月に公表されたホワイトペーパーでは、フェイスブックは2019年の残りの期間は指導的な役割を果たすが、その後は、リブラ協会の他のメンバーと同じ義務、権利を持つに過ぎないと説明している。

また、フェイスブックの子会社であるカリブラ社を設立したのは、ソーシャルデータとファイナンシャルデータを適切に分離するため、としている。つまりリブラの運営で得られた個人データを、フェイスブックがSNSで得られたデータと関連付けて分析し、より付加価値を高めてターゲット広告などに利用して利益をあげるようなことはしないと主張しているのである。しかし、この点については、依然として疑いの目で見られている。

## 評議会と理事会の役割

意思決定の透明性を高める観点から、リブラ協会にはガバナンス強化の仕組みやルールが導入されている。リブラ協会は自らを非営利組織と位置付け、そこに上部組織として評議会と理事会を設けている。

評議会は、リブラ協会の各メンバーの代表によって構成され、最高の権限を持つ。最も重要な決定には、3分の2を超える多数の賛成が求められる。また評議会の議決権は、当初はリブラ協会への出資額、つまりリブラ投資トークンの持ち分、将来的にはリブラの持ち分に比例する。権限の集中を避けるために、創設メンバー1組織あたりの議決権には、上限が設定される。

理事会は、評議会を代表してリブラ協会を監督し、協会執行部に運営上の助言を行う。理事会の構成メンバーは5~19人とし、厳密な数は評議会が決定する。

なお、リブラ・リザーブの運用から得られる利益は、リブラ協会のメンバーにリブラ投資トークンの持ち分に応じて配当として支払われる。この配当ルールは、事前に設定し、リブラ協会が運用を監督する。

つまり、この利益配当のルールについては、まだ決まっていないのである。フェイスブックの子会社カリブラ社に多くの配当がなされる可能性も残されている。

section 1-7

# マネーロンダリングに利用される懸念

## 「KYC」と「AML」がポイントに

フェイスブックがホワイトペーパーで示したリブラ計画の中で、世界の金融当局らが特に警戒したのは、「リブラブロックチェーンには匿名性があり、ユーザーは実世界の本人とリンクされていない1つ以上のアドレスを保有することができる」と説明された箇所である。これは、利用者が身元を明かさずにリブラを利用できる、と解釈できるためだ。

この仕組みの下では、確実に本人確認が行われる保証はなく、その結果、リブラがマネーロンダリング（資金洗浄）などの犯罪に利用されるリスクが高くなることが懸念されたのである。

これは、金融当局が近年、金融規制上で特に力を入れている、「KYC」（Know Your Customer：顧客の本人確認）と「AML」（anti-money laundering：マネーロンダリング対策）の2つへの対応に他ならない。

この点にどのように対応するかについて、フェイスブックからの明確な説明は未だなく、それがリブラへの不信感をさらに増幅させる結果ともなっている。

リブラも、サービスを利用するためのウォレットでは利用者のKYCを義務付けることを計画している、とも言われている。しかし、誰にも邪魔されずに送金が可能という、既存の仮想通貨のコンセプトを踏襲したリブラに対して、「KYC」と「AML」の観点から当局が警戒心を緩めることにはならない。今のところ、フェイスブックは金融当局が抱く懸念や規制の考え方に関して、当局と真摯にコミュニケーションを行う姿勢を見せていないようにも見える。

他方、金融当局は、フェイスブック、あるいはリブラ協会が、決済分野にとどまらず、将来的にどの程度まで金融業務を拡大させていくかについて不透明である点にも懸念を高めている。

## 本人確認を巡る難しさ

リブラ利用者の本人確認を厳格にすることは、フェイスブックが掲げるリブラの理念とは相容れない側面もある。ユーザーの利便性を損ねてしまうこともそうだが、それ以上に重要なのは、フェイスブックがリブラの社会的な意義として強調している、金融包摂への貢献を難しくしてしまう危険性があるからだ。

リブラは、世界で17億人に及ぶ銀行口座を持たない人、アンバンクトに金融サービスを利用できるようにすることを理念としている。他方で、フェイスブックがリブラの主な利用者として想定している低所得者に、本人確認をしっかりと義務付けることは、実は容易なことではない。貧困層はパスポートや定まった住所や公共料金の請求書などで身元を証明できないことが多いためだ。

そのため、本人確認を厳しく義務付けると、貧困層でリブラの利用者は増えずに、金融包摂や格差対策というリブラの理念は実現されなくなってしまう可能性が高くなるのである。この問題を解決するために、フェイスブックは自ら身分証明を発行することを計画しているとも言われている。しかし、フェイスブックによる身分証明で本人確認が十分だと、規制当局が判断するかどうかは定かではない。

section 1-8

# リブラの前に立ちはだかる税制・法制上の課題

## リブラはキャピタルゲインの課税対象に

リブラについては、課税に関わる問題がその利用拡大の障害となることも予想されている。リブラを法定通貨に換金する時ばかりでなく、リブラを使って商品を購入する時などにも、それが課税対象となる可能性があるからだ。税負担の問題というよりも、税額計算などの手続きの煩雑さによって、現金決済などと比べた場合にリブラ利用が敬遠される可能性がある。

リブラは、価値の安定に重点を置いた設計となっているものの、各国の法定通貨に完全に連動している訳ではなく、主要通貨で構成されるバスケット通貨に連動する仕組みである。それがゆえに、通貨ではなく金融資産と解釈され、そこに所得（利益）が発生して、それが課税対象となる可能性があるのだ。

欧州各国では、リブラ利用時に生じる自国通貨建て価値の変化分が、キャピタルゲイン課税の対象になると見られている。このため、リブラのユーザーは、納税申告のためにリブラを利用した全ての取引を、自国通貨建ての価値と共に記録しておくことが求められる。

ただし、税制は各国によって異なる。例えば英国では、納税申告を行う者は、全ての取引で発生したキャピタルゲイン、あるいはキャピタルロスを税務当局に届け出ることが求められる。実際に課税されるのは、キャピタルゲインの総額が年間１・２万ポンドを超える部分に対してだ〔＊３〕。

## 税制上の事務負担が利用拡大の障害に

キャピタルゲインの税額控除額は国によって異なっている。フランス、イタリア、スペインでは税額控除制度はない。他方、ドイツでは６００ユーロと、英国と比べてかなり少額だ。税負担よりも、税金に関わる事務的な負担が、リブラの利用拡大を妨げる可能性があるだろう。

また、事務的な負担から、リブラの取引から生じるキャピタルゲインを申告せず、結果的に脱税行為をしてしまう者が多く生じることも予想される。こうした違法行為が増加することが予想される中、フェイスブックにはその対策を明示することが求められるだろうが、簡単な解決策は無いように思われる。

税制上の問題はリブラに限らず、他の仮想通貨でも同様に生じる。しかし、投資目的で取引される仮想通貨であれば、大きなキャピタルゲインが生じる可能性があることから、その場合、利用者の事務負担はそれほど大きな問題ではないだろう。さらに、巨額のキャピタルゲインが生じ得る仮想通貨の場合には、税務当局の目もより厳しいことから、脱税行為は牽制されやすい。

ちなみに日本では、リブラがキャピタルゲイン課税の対象となる仮想通貨（暗号資産）なのか、キャピタルゲイン課税の対象外となる存在となるのか、法的には未だ明らかでないようだ。

国税庁は、ネットを介して個人が得た収入に適正に課税し、無申告や過少申告による課税逃れを防止するために、専門のプロジェクトチームを発足させたという。全国の国税局や事務所で計200人規模の専門チームで情報収集の強化に当たる。この専門プロジェクトチームの対象には仮想通貨も含まれており、仮想通貨交換業者などから情報収集し、申告漏れの防止に繋げる。

仮に、リブラが日本でキャピタルゲイン課税の対象とされた上で、さらに決済手段としてのリブラの利用が拡大すれば、仮想通貨のように税務当局が個々の利用者に目配りすることはできなくなり、結果的に大量の脱税行為を見逃すことになりかねないだろう。この点も、今後、リブラの設計上の問題点に浮上しかねない。

section 1-9

# 金融業への本格進出を窺うフェイスブック

## 幅広く免許・許可の取得に着手

本章の最後に、フェイスブックやカリブラ社の動向について簡単に触れておきたい。

ロイター通信社によると、リブラの取引を扱うフェイスブックの子会社カリブラ社は、米国で金融取引の事業免許を申請し、米財務省の金融犯罪取り締まりネットワーク（FinCEN）に登録した。

さらに、カリブラ社はニューヨーク州金融サービス局から同州で仮想通貨事業を行う免許も申請したという。また、英金融行動監視機構（FCA）、イングランド銀行（BOE）、スイス連邦金融市場監督機構（FINMA）もフェイスブックから接触があったことを明らかにしたという〔＊4〕。

これらは、フェイスブックがリブラを起点に、将来、金融ビジネスを一層拡大することを狙って、幅広く免許、認可などを各国で得ようとしていることを意味しているのかもしれない。

## 各国金融当局との交渉に膨大な時間

そうした動向は金融当局の警戒心をより煽る結果ともなりかねない。そして、免許、認可の取得や規制を巡る、各国ごとの金融当局との交渉は、フェイスブックに膨大な時間とコストを掛けることを強いる結果となるのではなかろうか。

フェイスブックが、これまで目立った規制を受けることなく、ＳＮＳを世界に広げることができたことには、ネット・サービスが新たな分野であったため、各国の規制がＳＮＳの普及に追いつけなかったからという側面があった。

しかし、ひとたび金融の世界に足を踏み入れれば、今度は規制から自由ではいられない。そこは長らく強い規制の下に置かれてきた伝統的業態なのである。

## 逆風が吹き続けるリブラ計画

２０１９年10月に入ると、リブラ計画にとって逆風と広く認識されるようなイベントが相次いだ。しかし実際には、リブラ計画はその発表当初から逆風に晒された厳しい船出なのであり、その点が改めて確認されたという側面が強いだろう。

まずリブラ協会の設立メンバーから離脱する企業が出てきた。当初の設立メンバーから、ペイパル、ビザ、マスターカードなど合計7社が抜けた（２０１９年10月29日現在）。こうした決済会社の離脱は、リブラを利用できる店舗の確保という観点からは、計画にとって明らかに痛手だ。離脱には、リブラへの警戒を強める金融当局との関係悪化を避ける狙いがあったのだろう。しかし、実際にリブラが発行されれば、こうした企業もリブラ協会に戻ってくるのではないか。

10月17日・18日にワシントンで開かれたG20（20カ国）地域財務相・中央銀行総裁会議では、リブラを含むステーブルコインに対する厳格な規制を導入することで合意した。これは、G7（先進7カ国）財務相中央銀行総裁会議の作業部会が10月17日に発表した報告書で、ステーブルコインについて「法律や規制、監督上の課題とリスクに対応できるまで運用を始めるべきではない」とした主張を追認したものだ。

こうした当局の姿勢は、リブラ計画発表直後から一貫したものだ。しかし、具体的な規制案は依然として打ち出せていない。リブラ計画を巡っては、当局とフェイスブックが睨み合ったまま、議論が膠着状態に陥っている印象である。今後は、双方が直接対話をすることが重要だ。

10月23日には、フェイスブックのマーク・ザッカーバーグCEOが、米下院金融サービス委員会でリブラについて証言を行った。同氏は「米当局の承認が得られなければリブラをスタートさせるつもりはない」と説明した。そのため、当初２０２０年前半としていたリブラの発行時期については、後ずれも余儀なしとの姿勢を明確に示したのである。

このように、ザッカーバーグCEOが当局に対してかなり従順な姿勢を維持していることは、実は、リブラ発行に向けた強い意思の表れでもある。フェイスブックが規制を受け入れる姿勢を維持する限り、金融包摂を促すという社会的意義を持つリブラ計画を当局が潰すという選択はできない、ということを見越しての狡猾な戦略なのである。

こうした一連のイベントからは、リブラ計画への逆風が改めて確認できるが、それにもかかわらず、リブラ計画が頓挫してしまう兆しは今のところ見られていない。

＊1　https://libra.org/ja-JP/white-paper/

＊2　Tobias Adrian & Tommaso Mancini-Griffoli, "The Rise of Digital Money", *IMF*, July 15, 2019

＊3　"Lawyers warn of Facebook's Libra tax risks", *Financial Times*, July 1, 2019

＊4　「アングル：フェイスブックの仮想通貨『リブラ』に規制当局の壁」、『ロイター通信ニュース』、2019年6月28日

第 2 章

# デジタル通貨2.0時代の幕開け

section

2-1

# 金融包摂の重要性を考える

## リブラ計画を潰しても第2のリブラが出てくる

第1章では、フェイスブックが主導する新デジタル通貨リブラについて、その概要を確認した。フェイスブックがリブラの社会的な意義として強調しているのは、それが、銀行口座を持たない新興国の低所得者なども、スマートフォンを使って、低コストで送金などの金融サービスを利用できるようにするという、金融包摂（ファイナンシャル・インクルージョン）の推進である。

フェイスブックの本当の狙いがどこにあるかは別にして、リブラや他のデジタル通貨には、金融包摂の推進に貢献し、社会厚生上好ましい効果を生むという側面があることは疑いがない。

さらに、一般的に、民間企業が生み出す様々な新しいイノベーションを積極的に金融業に取り入れていくことで、ユーザーの利便性を高めていくことは、金融当局の重要な務めでもある。

こうした点に照らすと、リブラに対して非常に強い警戒心を示している世界の金融当局も、リブラ計画を簡単に潰してしまうべきではないし、また、実際にそうはしないだろう。仮にリブラ計画を潰したとしても、フェイスブックのような大手プラットフォーマーが新たにグローバル・デジタル通貨の創設に乗り出す、つまり第2のリブラは必ず出てくるのである。

金融当局は、リブラのように支払い手段としてグローバルに広がる潜在力がある民間デジタル通貨全体への規制、特に大手プラットフォーマーが手掛けるデジタル通貨の規制の体制を、ユーザーの利便性を最大限高めるという観点から、この機会にじっくりと時間を掛けて整えることが重要だろう。

第2章では、多くの人が金融サービスを利用できるようになる、金融包摂の重要性、そして、デジタル技術がその金融包摂を大きく後押しするという点を確認してみたい。

## 金融包摂はなぜ重要なのか

リブラに限ったことではないが、デジタル通貨など新しいデジタル技術によって金融包摂が促されることで世界の人々が得られる経済的なメリットは、非常に大きいことは確かだ。特に、金融包摂の促進が貧困対策として有効であることは、今や世界の常識となっている。

ここからは、世界銀行が公表している「The Global Findex Database 2017」〔＊5〕を参照しつつ、世界の金融包摂の問題を改めて考えてみたい。この分野では傑出した調査だ。

世界にはまだ銀行口座を持たず、金融サービスを利用できない人も数多く存在している。そうした人々は、支払い手段として現金に強く依存しているが、それは必ずしも安全ではなく、また、概して利用コストも高い。

多くの研究結果は、金融包摂の推進がもたらす経済的なメリットを指摘している。それは、人々が自らの健康管理や教育、ビジネス等に投資をすることを可能にし、さらに、それらを通じて、貧困から脱することを助けるのである。また、貯蓄、保険などの金融サービスを利用することができれば、金融面から非常事態への対応も可能となる。例えば、失業や農作物の不作などがもたらす生活への突然の打撃を、少なからず緩和することができるようになる。

さらに、デジタル通貨などデジタル技術を用いた金融サービスを利用することから得られる、経済的なメリットは大きい。携帯電話を使って、デジタル形態で資金を送ったり、価値を保管したりすることは、人々の所得を増やすことに繫がり、貧困を克服することを助ける。

## デジタル金融サービス利用のメリットは大きい

ケニアでは、携帯電話での資金決済（受取り、支払い）を利用することで、女性が世帯主である家庭の金融資産が2割増え、貧困を22％減らすことができたという研究結果がある。デジタル手段の金融サービスが利用できるようになったことで、女性が農業を離れ、新たにビジネスを始めることが可能になったことなどから、こうした経済的なメリットが生じたのである。

また、新たに貯蓄口座を持ち、金融資産を積み上げることができたおかげで、新たなビジネスへの投資が60％も増えたという。同じく、女性が世帯主の家庭が、貯蓄口座を持ち始めたことで、ネパールでは生鮮食料品の購入が15％、教育への支出が20％それぞれ増えたという。

デジタル技術を用いた金融サービスを活用することで、人々は金融面でのリスクを管理することもできる。例えば、遠くに住む友人や親戚などから、安全に、また確実に資金を受け取ることができるようになる。ケニアでの研究結果によると、携帯電話を用いた金融サービスを利用する人は、将来のリスクに備えて貯蓄をすることで、予想外の出来事によって所得が減少するような事態が生じても、消費の水準を減らさなくて済むようになった。他方で、そうしたサービスを利用しない人は、食料を含めた消費の水準を7～10％減らしたという。

また、デジタル金融サービスは、資金を受け取る際のコストも大幅に低下させる。ナイジェリアでは、政府の社会保障給付を現金から携帯電話を利用した送金に換えたところ、遠く離れたところまで現金を受け取りに出かけたり、窓口で長く待たされたりする時間を、平均で毎月20時間も削減できたという。

さらに、政府にとっても、支払いを現金からデジタル手段に換えることのメリットは大きい。汚職の防止や効率性の向上に役立つからだ。インドでは、年金給付の支払いを現金から生体認証カードを用いたデジタルでの支払いに換えたところ、支払い漏れが47％も減少したという。

section
2-2

# デジタル技術の利用によるアンバンクトの削減

## 世界の4人に1人は銀行口座を持っていない

世界銀行の調査によると、2017年時点で、世界で17億人の成人が銀行の口座（ネット銀行の口座を含む）を持っていない。彼らはアンバンクト（unbanked）と呼ばれる。それは、2018年の世界の総人口73億人の23%程度、およそ4人に1人に達する。

銀行口座を持たないアンバンクトが集中しているのが、新興国だ（**図表2-1**）。そのうちほぼ半分は、バングラデシュ、中国、インド、インドネシア、メキシコ、ナイジェリア、パキスタンの7カ国にいる。

銀行口座を持っているかどうかは、その人の所得水準と強い関係があるが、それと同時に、教育水準との関係も見られる。アンバンクトには、受けた教育の水準が相対的に低いという傾向がある。

アンバンクトに銀行口座を持たない理由を問うと、大きく2つの答えが返ってくる。それは経済力の問題と信用力の問題だ。回答比率が最も高いのは、口座を使うには持っている資金が少な過ぎる、というもので、回答全体の3分の2を占める(複数回答)。それが唯一の理由だとする者は、全体の2割程度だ。また、銀行口座を持つことに伴うコストの高さや銀行が近くにないことを挙げる者もいる。さらに、既に家族が口座を持っているから必要ない、との回答もある。

他方で、口座を開設するのに必要な書類が準備できない、信用力が低いため口座が開設できない、との回答がそれぞれ2割程度を占めている。

**図表 2-1 ● 銀行口座保有者割合の変化**

| | | 男性 | 女性 |
|---|---|---|---|
| 新興国 | 2011 年 | 47% | 37% |
| | 2014 年 | 60% | 51% |
| | 2017 年 | 67% | 59% |
| 先進国 | 2011 年 | 90% | 86% |
| | 2014 年 | 93% | 92% |
| | 2017 年 | 95% | 93% |

注：全人口に占める比率
出所：World Bank, *The Global Findex Database 2017*

## アンバンクトの3分の2は携帯電話を持っている

銀行口座を持たないアンバンクトでも、携帯電話（mobile phone）は持っているという人は多い。その数はおよそ11億人と、世界のアンバンクト人口の3分の2にも達している（**図表2－2**）。

ちなみに、インドやメキシコではその比率は5割以上、中国では8割以上となっている。また性別で見ると、その比率は男性が7割強、女性が6割強と、男性の所有率が10％程度高くなっている。

しかしながら、携帯電話とインターネットへのアクセス手段の双方を持つ人は、世界のアンバンクトの中の25％程度に過ぎない。そ

**図表 2-2 ● 各国・地域の携帯電話、銀行口座、クレジットカードの保有割合**

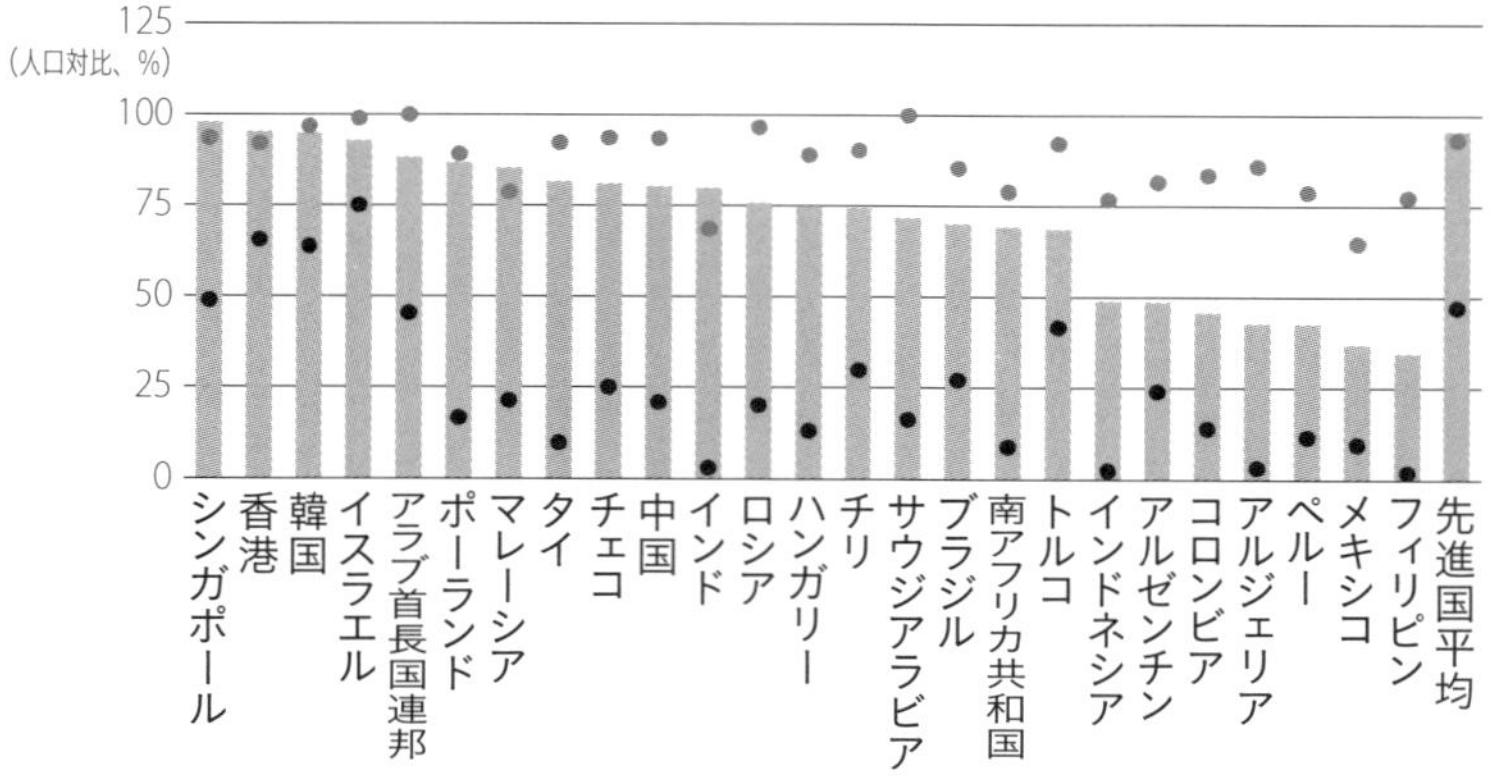


出所：BIS（国際決済銀行）年次報告書（2019年）

の比率は、ブラジルで60%、南アフリカで33%、中国で25%、バングラデシュ、ナイジェリア、パキスタンでは10%とばらつきが大きい。さらにその25%の中には、インターネットに接続しない携帯電話と他のインターネット接続手段を別々に持つ人が含まれている。

ここでいうインターネットへの接続手段には、スマートフォン、自宅のパソコンなどに加えて、インターネットカフェなども含まれる。現金の代わりにデジタル通貨で自由に外で買い物をできるような環境には、インターネットに接続するモバイル機器を持っていることが必要だが、そうした人は、アンバンクトの中でかなり低い比率にとどまっているということになるだろう。

このように、アンバンクトの中で、リブラのようにスマートフォン上のアプリを使ったデジタル決済を利用できる環境を持つ人の割合は必ずしも高くはない。この点から、リブラで金融包摂を強く後押しできる、というフェイスブックの説明はやや過大だと思われる。

リブラだけで金融包摂の問題が一気に解決できる訳でないことは明らかだ。デジタル技術を通じて金融包摂を前進させるためには、通信環境の整備や、スマートフォンをさらに新興国で普及させていくことなども必要だろう。

section

2-3

# 現金決済をデジタル決済に変えていく

## デジタル技術が金融包摂促進の助けに

デジタル技術は、多くの人が金融サービスを利用することを助け、経済の効率化を促し、さらに貧困対策にも貢献する。もちろん、こうした目的を達成するためには、デジタル技術の発展のみならず、優れた決済制度、電力・通信インフラ、適切な規制、利用者保護などが必要となる。そして金融サービスは、社会の弱者、例えば女性、貧困者、初心者等により配慮されたものであることも求められるだろう。

単純な機能しか持たない携帯電話でも、電話の機能やショート・メッセージ(テキスト・メッセージ)の機能さえあれば、金融サービスを利用することができる。ケニアなどサブサハラ・アフリカ(アフリカでサハラ砂漠より南の地域)では、その利用は既にかなりの広がりを見せている。これにインターネットへのアクセスが加われば、さらに多くの金融サービスが利用可能となる。

また、政府や民間企業が、個人への支払いを現金から銀行口座振り込みに換えるよう努めることで、アンバンクトを大幅に減らすことができる。事実、初めて銀行口座を開いた人の9%は、政府や企業からの給与の受取りや、農業製品の販売代金の受取りを口座開設の理由としているという。それらが、新規の口座開設の大きなきっかけとなるのである。

にもかかわらず、多くの政府は、公務員への給与の支払い、社会保障給付など、個人に対する支払いを未だ現金で行っている。これらを、全てデジタル手段を用いた支払いに換えることで、アンバンクトを最大で1億人減らすことができる、と世界銀行は推計している。政府からの社会保障給付を現金で受け取っている6000万人のうち、3分の2は携帯電話を持っており、既にデジタル手段でそれを受け取ることができる状態にある。

民間企業でも、現金のみで給料を受け取っているアンバンクトは世界に2・3億人いるが、そのうち78%が携帯電話を所持している。

このように、政府や企業が携帯電話所持者への支払いを、現金からデジタル手段に切り換えるだけで、アンバンクトを相当数減らすことができるだろう。

## デジタル技術を使いこなす

デジタル技術を活用することによって、アンバンクトを減らすことができれば、より多くの人が送金、貯蓄などの金融サービスを利用できるようになる。さらに、既に銀行口座を持っている人にとっても、新たにデジタル技術を使う、あるいはより上手く使いこなすことから得られるメリットは大きいだろう。

銀行口座を開いた人のうち、それを全く活用していない、つまり残高がない人は全体の2割に過ぎず、銀行口座を持つ人の大半は、その銀行口座を活用している。それにもかかわらず、つまり銀行口座を持っているにもかかわらず、電力料金、水道料金などを現金で支払っている人は、世界にまだ10億人もいる。

問題は、銀行口座を持つ個人側にだけあるのではない。金融業界の側にも、銀行口座を用いた金融サービスの利便性をより高め、現金利用に比べてより魅力を高める努力を惜しまぬことが求められる。

現金による支払いを、デジタル技術を用いた支払いに切り替えていくことで、社員や職員に給与を支払う企業や政府、国民に社会保障を給付する政府と、受け取る側の個人の双方が効率化のメリットを得ることができるはずだ。

銀行口座を持っている、つまりアンバンクトでないにもかかわらず、現金で政府からの社会保障給付や給与を受け取る人は9000万人、民間企業から現金で給与を受け取っている人は世界に3億人いる。

デジタル決済は今、先進国を中心に既に大きく広がっている（**図表2－3**）。デジタル通貨などデジタル技術を用いた支払いは、支払いのスピードを速め、支払い側・受取り側双方のコストを低下させる。またそれは、支払いの安全性を高め、さらには透明性を高めることで、脱税、マネーロンダリング（資金洗浄）などの犯罪防止にも役立つのだ。

## キャッシュアウト（現金化）の障害を取り除く

スマートフォン決済など、デジタル手段を利用する支払いができない小売店などは、世界の中にはまだ多い。日本においても、地方の小規模商店では、スマートフォン決済だけでなく、クレジットカードさえ利用できない

**図表 2-3 ● 広がるデジタル決済**

| | | 前年にデジタル決済をした人 | 前年にデジタル決済をしなかった人 |
|---|---|---|---|
| 世界全体 | 2014年 | 41% | 21% |
| | 2017年 | 52% | 16% |
| 先進国 | 2014年 | 86% | 6% |
| | 2017年 | 91% | 3% |
| 新興国 | 2014年 | 32% | 24% |
| | 2017年 | 44% | 19% |

出所：World Bank, *The Global Findex Database 2017*

ところがなお多い。

その結果、個人が、スマートフォンを利用したデジタル支払いの手段を持っていても、現金での支払いが求められる機会が少なくないのが現状だ。そうした個人にとっては、現金から大量に換えたデジタル通貨を再び現金に換える、つまりキャッシュアウトが自由にできる環境が必要となる。

それには、技術面での対応に加えて、法制面での整備も必要となるだろう。例えば、日本では、資金決済法で規制されているため、前払式支払手段と区分される電子マネーは、その払い戻し（現金化）は原則禁止されている（資金決済法20条）。

## 金融包摂には本人証明の難しさも制約に

既に見たように、銀行口座を持たない人は、その理由として口座を開設するのに必要な書類が準備できないことや、信用力が低いため口座が開設できないことを挙げており、その回答比率は合計で4割程度を占めている。

先進国では、アンバンクトのうち、政府が発行した身分証明を持っている人の割合は85％にも達している。一方、サブサハラ・アフリカではその割合は56％にとどまっており、本人証明ができないことが、銀行口座を持つことの大きな制約となっている。

さらに、新興国を中心に、KYC（Know Your Customer：顧客の本人確認）が厳しくなされるため、政府が発行した身分証明でも十分な本人証明とはならないこともある。住所が記された水道・電気料金の支払い証明などを、併せて求められるケースもあるという。本人証明をより容易にすれば、銀行口座開設の拡大とデジタル技術を用いた支払いの拡大に繋がるだろう。

インドでは政府が発行する生体認証カードが広がり、これがアンバンクトを減少させている。90％のアンバンクトが生体認証カードを持ち、既に本人証明が可能な状態にある。また、この生体認証カードによって、インドでは支払い能力の低い人の借入れ返済率が上昇した、との調査結果もあるようだ。

世界の金融当局が、マネーロンダリングなどへの対応から、金融機関に本人確認を強く求める中で、アンバンクトを減らすためには、身分証明を普及させることも重要なことだ。第1章で見たように、身分証明がないことが、リブラ普及の大きな制約ともなり得るのである。

section

2-4

# 現金利用にかかるコストを考える

## 日本だけでも年間2兆円の試算

フェイスブックは、リブラの社会的意義として金融包摂を促すという点を強調している。そのため、前節まででは、金融サービスでのデジタル技術の活用が、アンバンクトが多い新興国で金融包摂を促進し、貧困解消などに貢献できる可能性について主に検討した。

しかし、現金を代替するリブラやその他のデジタル通貨は、経済の効率性を高めることを通じて、先進諸国に暮らすユーザーにも大きな経済的メリットをもたらすものだ。本節では、デジタル通貨が支払い手段として現金にとって代わることの経済的なプラス効果について、日本など先進国も視野に入れて検討してみよう。

日本では、現金で支払いをして商品を購入することに、多くの人が不便を感じていない。そのため、スマートフォン決済など、現金以外での支払い手段の利用を積極的に拡大させていく誘因が生じにくいという面がある。

しかし、そのように何ら不便なく現金を使うことができている裏で、実は大きなコストが掛かっている。それはユーザーつまり国民の負担である。

現金利用に関わるコストの範囲は極めて広いものだが、直接的なコストに限ってみれば、紙幣・硬貨を製造する費用、それを保管、輸送する費用、また現金を取り扱う人件費、現金を出し入れするＡＴＭ（現金自動預払機）の製造費及び維持費、などが挙げられるだろう。

ボストン コンサルティング グループの推計によると、このＡＴＭの維持管理費に、現金の運搬にかかる人件費なども加えると、そのコストは日本で年間２兆円にものぼるという。

## 現金利用のコストは国民の負担に

こうしたコストは直接的には日本銀行と民間銀行が負担しているが、それは最終的には現金のユーザーに転嫁されていると考えられる。

例えば、紙幣の購入や運搬など現金に関わる経費の分だけ、日本銀行が政府に納める国庫納付金が減少する。これは、政府の歳入の減少となり、見えにくいが国民の負担となるのである。

また民間銀行の場合には、現金を扱うことのコストは、ＡＴＭを利用する際の手数料、その他の手数料に転嫁され、最終的にユーザー、つまり国民が負担していると考えられる。

日本の国民の多くは、現金の利用に高い利便性を認めているが、現金利用のコストを負担していることを正確に認識すれば、そうした考えは一気に改められる可能性があるだろう。

日本銀行は、国民が現金利用を望む限り、全国に現金を遅滞なく輸送し、また紙幣のクリーン度を維持することなどを通じて、その利便性をさらに向上させるのが務めである、と理解している。しかし、そうした取り組みにより、現金利用の利便性が一層向上し、国民の現金志向がさらに高まるという、いわば循環が生じている側面は見逃せない。

現金利用のコストについて、国民が十分に認識していないとすれば、そうした取り組みは必ずしも国民の利益を高めているとは言えないはずだ。

## 低所得者ほど現金のコストを多く負担

現金利用のコストは所得格差を拡大させてしまうという点があることも、しばしば指摘されている。日本では必ずしも当てはまらないが、多くの国では低所得者が銀行口座を持つことができず、決済に現金の利用を強いられている、という事情がある。そのため、低所得者ほど現金利用のコストをより多く負担することになってしまうのである。

既に見たが、２０１７年時点で、世界で17億人の成人が銀行の口座（ネット銀行の口座を含む）を持っていない。これは新興国だけの問題ではない。米国では年齢15歳超の１５６０万人、ＥＵ

（欧州連合）では5800万人が、銀行口座を持たないアンバンクトである。

欧米のアンバンクトが銀行口座を持たない理由の一つは、新興国で一般的なように、信用度の低さから銀行が口座開設を拒否するからだが、理由はそれだけではない。欧米の銀行では、十分な残高を維持できない顧客に口座管理手数料を課すのが一般的で、その支出を嫌うことを、口座を持たない理由に挙げるアンバンクトも少なくない。

他方、米ピュー慈善財団の2014年の報告書によると、銀行口座のない米国人はプリペイドカードの使用に、毎月10〜30ドルもの手数料を支払っている場合があるという。

こうした点を踏まえると、支払いで現金の利用を減らしていくこと、いわゆるキャッシュレス化の推進が、先進国も含めて所得格差の縮小に貢献する、と言えるだろう。

## 米国での現金コストは年間2000億ドル超との試算も

米国で現金利用のコストを試算したものに、タフツ大学の研究チームによる調査・分析〔＊6〕がある。これによると、現金のコストは年間2000億ドル超に達するという。これは家計の平均（中央値）所得の3・3％、名目GDP（国内総生産）比で1・2％に匹敵する。

この調査では、現金のコストを、家計、企業、政府の3つの部門に分け、それぞれ推計している（**図表2－4**）。まず家計にとって大きなコストは、ATMで現金を引き出すために要する時間であるという。それは平均で毎月28分であり、平均賃金を用いてその機会費用を計算すると年間３１０億ドルになる。

それ以外に、ＡＴＭを利用する際の手数料80億ドル、小切手を現金化する際の手数料なども加えると、全体で年間４３０億ドルになる。ちなみにこのコストは、米国民が盗難などによって失う現金の年間5億ドルというコストと比べて、格段に大きいものだ。

次に、企業のコストは年間５５０億ドルで、このうち４００億ドルが、小売業界で現金の盗難によって失われる現金の総額である。それ以外に、警備員の配置や、監視ビデオ、装甲車、警備員のユニフォーム、特殊金庫の購入など、盗難防止にかかるコストもある。また小規模企業では、現金の取り扱いにかかる人件費も小さくない。

**図表 2-4 ● 米国での年間現金コストの試算**

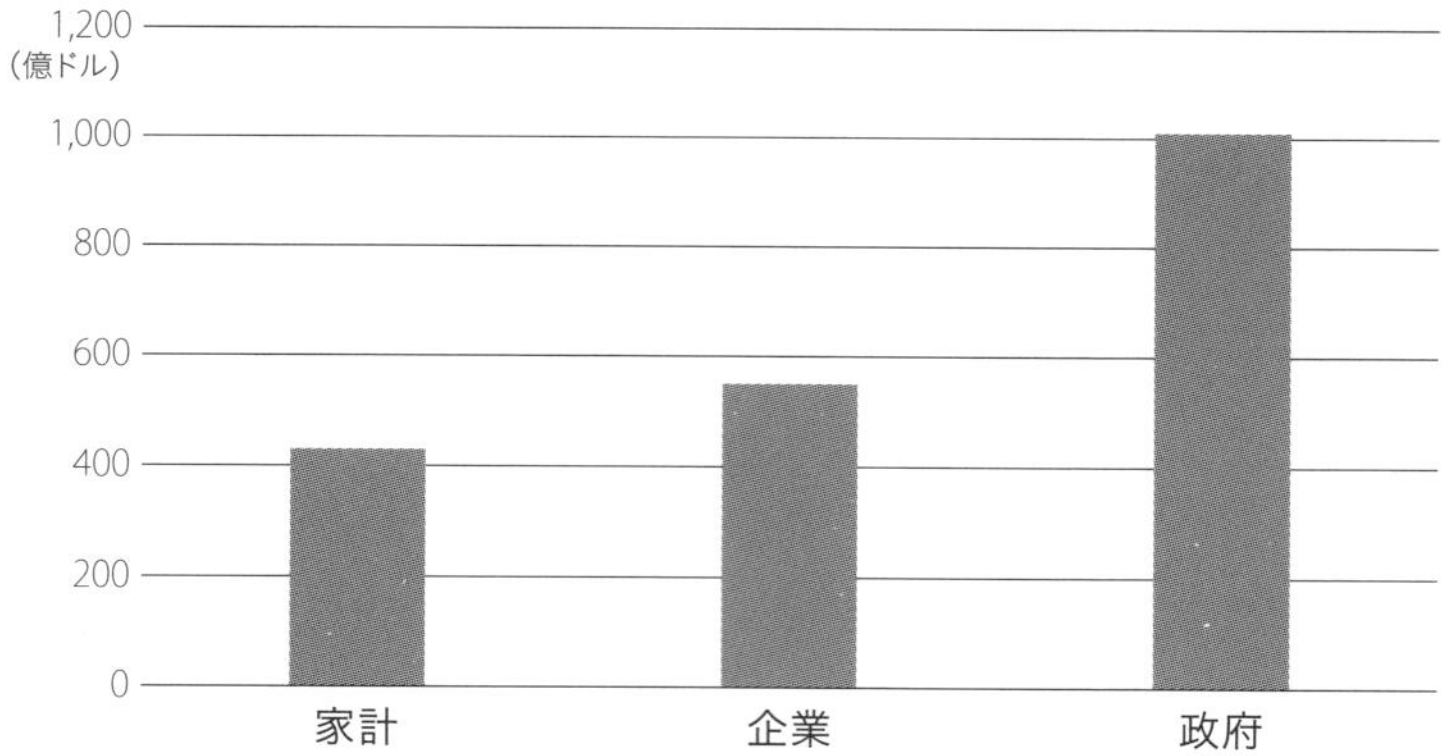


出所：Bhaskar Chakravorti & Benjamin D. Mazzotta, "The cost of cash in the United States", *The Institute for Business in the Global Context*, The Fletcher School, Tufts University, September 2013

最後に、政府にとってのコストは1010億ドルと、家計や企業に比べて倍以上の大きさと見積もられている。この内訳には、硬貨や紙幣の製造・輸送などのコスト（輸送などオペレーションコストは2011年で5・2億ドル）も含まれるが、これは2012年の場合12億ドル程度であり、大半のコストは、現金を利用した避税行為等による税収減を計上したものだ。

米国で、税制や政府による種々の規制から逃れ、統計で把握されていない経済活動である地下経済の規模は、2兆ドル程度に及ぶと試算されている。米国の内国歳入庁によれば、この地下経済を中心に、2006年時点で過小に報告されている税金は3760億ドルであり、これは現在の価値では約4000億ドルである。このうち、少なくとも4分の1が現金取引の結果捕捉できない部分であると推定され、そこからこの1010億ドルという政府のコストが算出されている。

## 広義の現金コストも含める

ところで、名目GDPに占める現金発行額の比率は、日本では米国の2・5倍に達している。この点を踏まえると、日本における現金利用のコストは、米国の名目GDP比1・2%よりも大きいものだろう。

また、現金利用のコストは、さらに広い概念で捉えることも可能である。多くの国で現金、特に高額紙幣は犯罪に使われている。現金利用、キャッシュレスの遅れが犯罪の発生を促し、治安を悪化させている面があるとすれば、それは社会的コストと理解できるだろう。

さらに、現金の利用については、衛生面での問題も指摘できる。紙幣、硬貨を媒介にして感染症が広がる可能性や、それを利用したテロが発生する可能性も考えられるだろう。これも広い意味での現金利用のコストである。

このように現金利用のコスト、あるいは機会損失を広い概念で捉えた場合、それは相当規模に達する可能性が考えられる。逆に現金利用を減少させるキャッシュレス化を進めることで、社会全体のコストを下げ、経済効率を大いに高めることができるのである。その潜在力はかなり大きいものだろう。

section
2-5

# デジタル通貨の魅力は何か

## IMFが考えるデジタル通貨のメリット

デジタル通貨は既に世界中で広く使われており、その利用はさらに広がっていく潜在力がある。例えばケニアでは、携帯電話を使った送金手段、つまりモバイル送金サービスのＭ－Ｐｅｓａを利用する割合が、14歳以上の人口のうち90％にも達している。中国では、スマートフォン決済のアリペイ、ウィーチャットペイの決済額は、世界中のビザ、マスターカードでの決済額を既に超えている。

デジタル通貨が広く利用されている背景には、後に見るような、デジタル通貨のデメリットを大きく上回るメリットがあるからである。本節では、そうしたメリットのうち、ユーザーにとっての利便性について、今までの議論を整理しつつ、改めて概観してみたい。

デジタル通貨が既に世界で広く利用されている背景として、ＩＭＦ（国際通貨基金）はデジタル通貨の6つの特長を挙げている〔*7〕。

第1は、利便性（Convenience）。デジタル通貨は、現金や銀行預金以上に、我々のデジタル生活に入り込んでいる。例えばSNSのアプリ上でデジタル通貨の送金を行うことができるなど、ユーザーの利便性に非常に配慮された設計となっている。

第2は、同時遍在性（Ubiquity）。例えば、海外送金については、伝統的な銀行システムを用いる場合と比べて、デジタル通貨を利用する場合にはより速くて安価である。ただし、海外送金先でデジタル通貨を現地通貨に換えることが必要となる、といった障害もある。

第3は、補完性（Complementarity）。仮に、株式や債券がブロックチェーンで取引されるようになれば、ブロックチェーン上でデジタル通貨による決済が同時に完了するようになる。

アリペイなどのスマートフォン決済が進んでいる中国

商品の受け渡しと資金決済とを同時に実施できる（DVP：Delivery versus Payment）と共に、決済を自動で実施できるようになるのである。そうなれば、証券取引業務でバックオフィスでの人手による作業は必要でなくなり、効率が大きく高まるだろう。

また、ブロックチェーンに乗せたデジタル通貨についてのコンピュータプログラムを広く一般に公開すれば（オープンソース）、他の開発者が、より利便性の高いサービスを付け加えていくことが期待できる。実際、フェイスブックのリブラは、そのように設計されている。

第4は、取引コスト（Transaction costs）の低さ。デジタル通貨の送金は、ほとんどコストがかからない。しかも決済は迅速に完了する。これがユーザーにとっては大きな魅力となっている。

第5は、信用（Trust）。若年層を中心に、デジタル通貨を発行・運営するＩＴ企業は、銀行よりも信用できる、との調査結果が見られる。

## 侮れないネットワーク効果

第6は、ネットワーク効果（Network effects）だ。多くの商店や個人が、ある特定のデジタル通貨を利用するようになれば、多くのケースで商店での買い物や個人間の送金にそのデジタル通貨を利用できるようになる。そのため、そのデジタル通貨の利用価値は高まり、より多くのユーザーが集まるようになる。

このネットワーク効果は、この先、リブラなど特定のデジタル通貨を急速に普及させる原動力になるだろう。ネットワーク効果は、フェイスブックのメッセージアプリであるワッツアップ（WhatsApp）が、急速に利用者を拡大することができた最大の要因でもあった。

フェイスブックのワッツアップは、グーグルのG-mailの3割以上の速さでユーザー数を拡大した。現在では、そのユーザー数は、G-mailのユーザーを上回り、15億人にも達している。

こうした大きな差は、ワッツアップが少しだけG-mailによるテキスト送信よりも簡単で、少しだけ写真アプリなど他のアプリと連動しており、少しだけ安かった、などの理由に根差している。こうした少しの差の積み重ねが、G-mailからワッツアップへのユーザーの乗り換えを大きく促し、ネットワーク効果を通じて大きな差へと繋がっていったのである。そして、このワッツアップは、大規模な宣伝などではなく、まさに口コミだけで世界中に急速にユーザーを獲得していった。ネットワーク効果の典型的な例だ。

今後は、資金決済、つまり資金の受け払いについても、単に債権・債務関係の解消という目的だけではなく、SNS、対話アプリなどと同様に、人と人との関わり、楽しみなどの要素が加わってくるだろう。それを可能にするのがデジタル技術なのだ。個人間での送金と同時に、テキスト、絵文字を送ることは、現金や銀行預金の決済では決してできないことだ。

そしてこれこそが、プラットフォーマーが、決済ビジネスに参入する理由でもある。彼らは、人々がソーシャルメディアやネット上でどのような行動をとるかを熟知している。そのため、デジタル通貨はネットワーク効果を武器に、小口の支払い手段で現金や銀行預金を大きく代替していく潜在力を持っているのである。

本章では、金融包摂を促す、経済効率を大きく高めるなど、デジタル通貨の持つ潜在力、ユーザーにとっての魅力などについて見てきた。しかし、こうしたデジタル通貨に関する一般的な議論だけでは、リブラの潜在力や問題点などを正確に理解するのには明らかに十分ではない。

リブラが従来のデジタル通貨と決定的に異なっているのは、それが、フェイスブックというデジタル・プラットフォーマーが主導しているという点である。それがゆえに、他のデジタル通貨とは比べものにならないほど、グローバルに普及する可能性がある。しかし一方で、既存の銀行制度に破壊的な打撃を与える可能性もあるのだ。この点から、デジタル・プラットフォーマーが主導するデジタル通貨には、全く新しい規制の体系を考えていく必要があるはずだ。

そこで、一時的にリブラの議論からは離れるが、次の第3章では、デジタル・プラットフォーマーがどういった性格を持った企業組織であるのか、いわばその生態に強く迫ってみたい。世界の金融当局や政府・議会関係者らが、リブラに非常に強い拒絶反応を示したのはなぜか。その理由がよく理解できるようになるはずだ。

＊5 https://globalfindex.worldbank.org/

＊6 Bhaskar Chakravorti & Benjamin D. Mazzotta, "The cost of cash in the United States", *The Institute for Business in the Global Context, The Fletcher School, Tufts University*, September 2013

＊7 Tobias Adrian & Tommaso Mancini-Griffoli, "The Rise of Digital Money", *IMF*, July 15, 2019

第 3 章

# プラットフォーマーの進撃

section
3-1

# 経済学でプラットフォーマーの生態に迫る

## 従来とは違う異質なサービス

本章では、プラットフォーマーの生態に迫ってみたい。これをしっかりと押さえておかなければ、リブラや大手プラットフォーマーが発行するその他のデジタル通貨、あるいは大手プラットフォーマーの金融業の参入によって、ユーザーが得ることができる大きな利便性も、逆に、現在の銀行制度を壊してしまうような大きな破壊力というマイナス面も、双方ともに十分に理解できないからだ。

世界では、GAFA（グーグル、アップル、フェイスブック、アマゾン）と呼ばれる米巨大IT企業、デジタル・プラットフォーマーが、SNS、ネット検索・閲覧、電子商取引などのネット・サービスをほぼ独占している。

プラットフォーマーが提供する様々なサービスは、伝統的に民間企業が消費者に提供してきたものとは、かなり異質な特徴を持っている。それは例えば、無料サービスの提供や、利用者が自らコンテンツを作成しサービスの提供者ともなる構造などだ。

しかし、プラットフォーマーが提供するこうした全く新しいサービスも、基礎的な経済学で理解することが可能だ。それは、プラットフォーマーのビジネスモデルの本質を深く理解し、また、利用者保護のための規制のあり方などを検討する上でも有益だろう。そして、プラットフォーマーが金融業に参入した場合に、いったい何が起きるのかを考える上でも欠かせない。

まずは、基礎的なミクロ経済学のテキストで紹介される、需要曲線、供給曲線から議論を始めてみよう。

## 需要・供給曲線で一つに決まる価格

個人が使うことができるお金が限られる（予算制約）下では、ある商品の価格が上がれば、その購入の数量を減らして他の商品の購入にお金を回す方が、全体としての効用、満足度が高まる。そのため、ある価格の下での消費者の商品の購入数量を示す需要曲線は、価格を縦軸、購入数量を横軸とすれば、右下がりの曲線となる。そうした個々の需要曲線を全て合計したものが、消費者全体の総需要曲線である。

一方、ある商品の価格が上昇すれば、それ以前の価格の下では費用が掛かり過ぎてその商品を製造しても利益が挙がらなかった企業も、新たに利益を挙げることができるようになり、生産を始める。そのため、商品の価格が上昇するとその供給が増えることから、供給曲線は右上がりの曲線となる。そうした個々の供給曲線を全て合計したものが、企業全体の総供給曲線である。

そして、全体の需要曲線と供給曲線の交わるところで、その商品の価格が決まる（**図表3－1**）。完全競争の条件が成り立つ下では、仮に異なる価格でその商品が売りに出されれば、消費者は一番安い価格でその商品を買うことになるため、価格の高い商品は全く売れなくなる。その結果、全ての価格は等しくなるのである。これは「一物一価」の法則と呼ばれる。

**図表 3-1 ● 需要曲線と供給曲線**

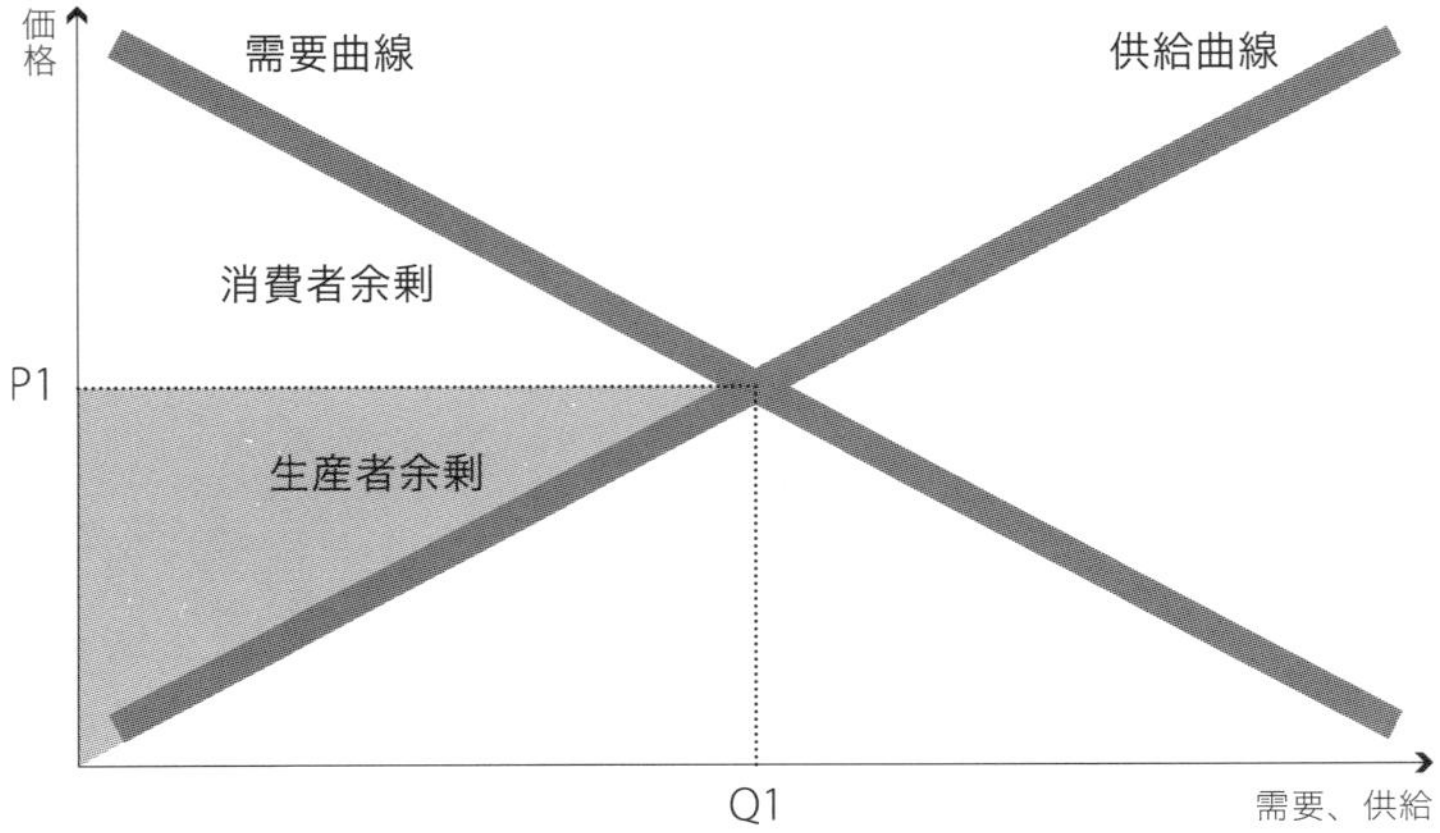


出所：野村総合研究所

## 消費者余剰と生産者余剰とは何か

個々の消費者の需要曲線は、価格が幾らであればその商品を買う価値があるのかという、消費者の主観的価値を表している。

しかし、実際の価格は、今見たように、消費者全体の需要曲線と企業全体の供給曲線が交わる点で一つに決まる。そこで、自分が払っても良いと考える価格よりも低い価格が市場で成立している場合には、その消費者はその商品を割安で購入することができ、得をすることになる。その部分を「消費者余剰」という。全ての消費者の消費者余剰を足し合わせたものが、図表3－1で価格（P1、Q1）を通る水平線と需要曲線とで囲まれた三角形の面積となる。

他方、個々の企業にとって供給曲線とは、自らが持っている技術、設備などに基づいた費用構造の下で、この価格であれば、ぎりぎり採算が取れることができる生産数量を示している。

それよりも高い水準で市場価格が決定されれば、両者の価格の差だけ、企業には超過利益が生じることになる。それを「生産者余剰」という。全ての企業の生産者余剰を足し合わせたものが、図表3－1で価格（P1、Q1）を通る水平線と供給曲線とで囲まれた三角形の面積となる。

## 限界費用ゼロの世界で何が起こるのか

ところで、プラットフォーマーが発行するデジタル通貨のメリットとして、発行コストがかなり低く、またデジタル通貨を1単位追加で発行するのにかかるコスト、すなわち限界費用がほぼゼロである、ということがしばしば指摘される。これは、プラットフォーマーが提供するネット・サービスの大きな特徴でもある。一方、現金の発行、利用コストが高いことは、前章で見たとおりである。

プラットフォーマーが提供するサービスの特徴を明らかにするためには、先に説明した供給曲線の決まり方を、より詳細に考えてみる必要があるだろう。

企業は次の式で示される利益を最大化するように商品の生産数量を決める。

R（利益）＝P（価格）×Q（数量）－VC（変動費）－FC（固定費）

利益が最大となる極大値の生産数量は、この式をQ（数量）で微分することで、以下のように求められる。

P（価格）＝VC′（限界費用）

限界費用とは、ある製品を一つ余分に生産する際に必要になる追加費用（人件費、原材料費）のことだ。このVC′（限界費用）はQ（数量）の関数（VC′＝f（Q））と考えられる。

通常、生産量を増やしていくと、限界費用は高まっていくものだ。例えば、生産に用いる設備が限られる下では、労働者を増やしても、それに比例して生産量が増えるのではなく、一人当たりが生み出すことができる生産物は次第に少なくなる（収穫逓減）。つまり、限界費用はQ（数量）に対する増加関数となる。

そこで、単純化のため、f（Q）＝a×Qとしよう。aはプラスの一定の値だ。そうすると、利益が最大となる生産数量は以下の式で決まることになる。

P（価格）＝VC′（限界費用）＝a×Q

これが供給曲線となるのである。aはプラスの一定の値であるから、供給曲線は右上がりの直線だ。

ここで大きな技術革新が起こったと仮定しよう。例えば、音楽や書籍をネット上で電子的に配信することができるといったことだ。暗号化技術に基づく、デジタル通貨の発明でも良い。

この際には、音楽1曲当たり、書籍1冊当たりを追加的に生産して消費者に販売するのに必要な限界費用は劇的に下がっていき、ゼロに近づく。

こうした技術革新は、aが低下することを意味するのである。右上がりの供給曲線の傾きが低下していき、水平に近づく。そして、図表3－1で示した供給曲線は、**図表3－2**のように変化することになる。

供給曲線の傾きが小さくなることで、需要曲線との交点は（P1、Q1）から（P2、Q2）へとシフトする。その結果、価格は大幅に低下し、生産数量は大幅に増加するのである。

**図表 3-2 ● 限界費用低下の影響**

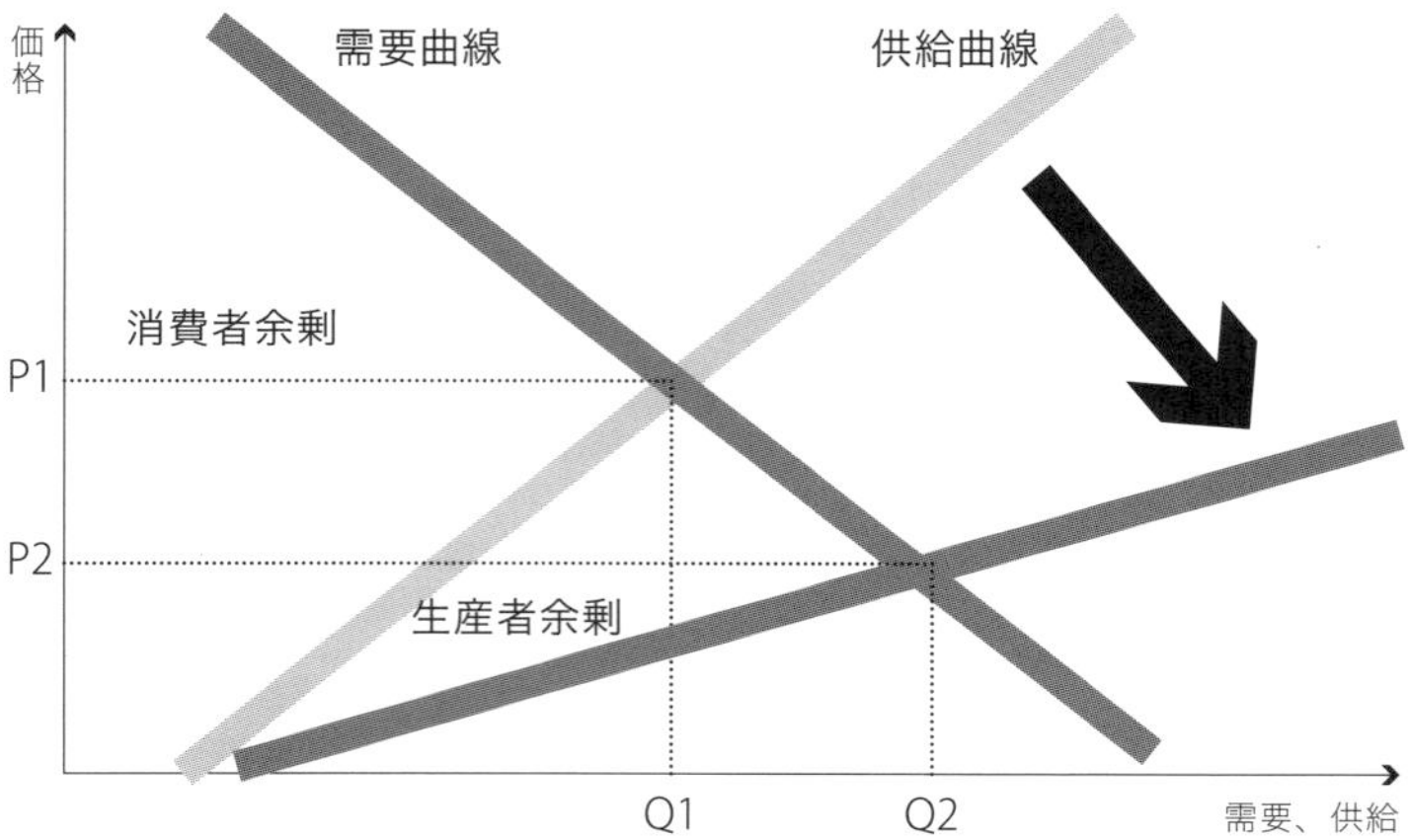


出所：野村総合研究所

section
3-2

# なぜ無料サービス（フリーミアム）が可能なのか

## 無料サービスのからくり

　このように、技術革新が起こって供給曲線が変化することで、図中の需要曲線と市場で決まる価格の水平線とで囲まれた三角形の部分で示される消費者余剰は、劇的に増加することになる。こうしたメカニズムで、技術革新は、消費者に大きな効用をもたらすのである。そしてこのことは、リブラの利用によってユーザーが享受できるメリットについても、まったく同様である。

　大きな技術革新によって、上記のaの値が仮に限りなくゼロに近づいていく場合、供給曲線が限りなく水平に近づき、そして、価格は限りなくゼロに近づく。一方で、生産数量は無限大となっていくのである。

　ところが、aがゼロにまで達してしまうと、以上の式で示される供給曲線は横軸と重なる。

この場合、商品の価格はゼロ、つまり無料となり、消費者余剰は最大まで増加する一方、生産者余剰は消滅してしまうことになる。

これでは、企業がその商品を生産することから得られる利益は、費用分だけマイナスとなり、そもそも、ビジネスが成り立たなくなってしまうはずだ。

そのような不思議なビジネスが、プラットフォーマーが提供するSNS、ネット閲覧・検索などの無料サービスなのである。多数の利用者に対して無料でサービスを提供することは、「フリーミアム（freemium）」とも呼ばれている。フリーミアムという言葉は、「フリー（無料）」と「プレミアム（割増）」を合わせた造語で、米国のベンチャー投資家フレッド・ウィルソンが、ジャリド・ルーキンの発案をもとに提唱したものだ。

## 謎を解くカギは「補完財」

プラットフォーマーが提供する無料サービスが、なぜビジネスとして成り立っているのか。それについても、「補完財」というミクロ経済学の基礎的な概念を使って説明することができる。

補完財とは、ある財と同時に需要される傾向が強い別の財のことを指す。お互いに補完財の関係となっているのは、例えば、パンとジャム、コーヒーと砂糖、自動車とガソリンなどだ。

パンの価格が下がるとパンの需要は高まるが、その場合、補完財であるジャムの価格は変化しなくても、その需要も高まることになる。この場合、ジャムの需要曲線は右へとシフトし、生産者余剰、つまり企業の利益を高めることになる。

プラットフォーマーが無料で提供する財・サービスが、他の財・サービスへの需要を高め、利益の増加をもたらすことから、無料サービスを提供することが合理的な企業行動となるのである。例えば、フェイスブックが仮にリブラ自体では儲けることはできなくても、SNSがリブラの補完財であり、リブラの利用拡大がSNSのユーザー拡大に繋がり、ターゲット広告などによる収益拡大をもたらすのであれば、フェイスブックは低コスト、あるいは無料でリブラを提供することができる。

フリーミアムという言葉が使われる場合には、単に無料のサービスを提供することではなく、無料のサービスを提供した上で、それにより高機能化されたサービス、あるいはカスタマイズされた付加価値の高いサービスを有料で提供することで、全体として収益を得るというビジネスモデルを指すことの方が多い。

その代表例が、アマゾンプライムだ。これは、アマゾン社が展開する有料会員制サービスで、会員はネットで購入した商品の当日配送や定額制ビデオ配信などの特典を受けることができる。

無料サービスでその利便性を享受した利用者のうち、お金を払ってでもより高い質のサービスを受けたいと考える利用者（有料会員）が一定程度増えれば、このフリーミアムのビジネスモデルは成立することになる。ネット・ビジネスでは、全体では95％が無料サービスの利用者であっても、5％の有料サービス利用者がいればビジネスは成立する「5％ルール」が成り立つという。

無料サービスの利用者が増加して、その中から一定比率で利用者が有料サービスにシフトしていけば、無料サービスの増加は有料サービスの増加に繋がり、ビジネスは成り立つのである。

## データ利用も無料サービスを可能に

補完財に加えて、プラットフォーマーの無料サービスを可能にしているもう一つの重要なメカニズムが、付加価値のある個人データの活用だ。データ利用に関わるここからの議論が、フェイスブックが主導するリブラが、多くの当局者から強く警戒されている理由と直接的に関わってくるので注意してほしい。

プラットフォーマーが提供するネット上のサービスでは、そのユーザーによって大量の情報、データが作られている。電子商取引での商品の購入履歴、SNS上で投稿されるコメントや写真、動画、スマートフォンで健康関連アプリを利用した場合には運動や健康状態などのデータだ。リブラの場合でも、同様に商品の購入履歴、送金履歴などが蓄積されていく。

サービスを提供するプラットフォーマーは、これらを自らのビジネスに役立てることができる。例えば、ネット販売で提供する商品を選択する際の材料にし、また自社の製品やサービスの広告を、それに関心を持つ利用者に効率良く届けることができる。これは、ターゲット広告と呼ばれる。

それにとどまらず、入手した個人データは、他企業の広告活動などのビジネスにも活用できることから、それを有料で販売することで、プラットフォーマーは大きな利益を挙げることもできる。

「損して得とれ」的な考え方からすれば、このデータ利用のモデルは、補完財モデルにも似ている面がある。しかし、それと決定的に違うのは、ユーザーが、付加価値のあるデータを自ら作り出してくれる、という点にある。つまり、ユーザーが生産者でもあるということだ。

これは、プラットフォーマーのビジネスの大きな特徴でもある。ユーザーが生み出す動画、投稿などのコンテンツが、そのサービスを利用することの効用を高め、ユーザーをさらに増加させることになる。それが、プラットフォーマーのビジネスを支えている。ちなみに、リブラについても、その利用が広がると、膨大な取引履歴という付加価値が蓄積されていくことになる。リブラの利用者は、そうした付加価値を生み出す生産者にもなるのだ。

分析できる環境さえ整っていれば、収集したデータが多い方が、より高い付加価値を生むことができる。従って、プラットフォーマーはできる限り多くのユーザーを獲得し、できる限り多くの個人データを得ようとするのである。その際に有効な武器となるのが、既に見た無料サービスというビジネスモデルだ。

さらに、それを可能にしているのが、限界費用が極めて低く、生産量を増加させてもそれが高まらないというネット・ビジネスの大きな特徴なのである。また、大量のデータを集め、それを分析することで新たな付加価値を生み出すことができるという点で、プラットフォーマーは金融機関が遠く及ばない高い能力を持っている。

## 独り勝ちを可能にするネットワーク効果

プラットフォーマーのビジネスモデルを語る際に、避けて通れないのが、第2章でも指摘した、「ネットワーク効果」だ。ネットワーク効果、あるいはネットワーク外部性とは、企業が提供する製品やサービスを利用する人が増えてネットワークが広がるほど、その価値が高まることを言う。

ネットワーク効果が働く製品やサービスでは、品質や技術よりも、ユーザー全体の数が増えることを通じて、個々のユーザーが得ることができる便益が大きくなる。このため、その製品やサービスを提供する企業のシェアが一定水準を超えると、ユーザー数を加速度的に増やすことができるのである。

ネットワーク効果が高い伝統的なサービスは電話だ。電話は一人だけ持っていても何の価値も生まない。が、電話の保有者が増える程、それを利用する価値は高まるのである。

近年では、SNSやコミュニティ要素のあるWebサービス、複数人でプレイするオンラインゲームなどが、ネットワーク効果が高いサービスに挙げられる。ネットワーク効果によって一気に優劣が付いた日本の例としては、ビデオ機器でVHS方式がベータ方式を凌駕したことがある。プラットフォーマーの独り勝ちをしばしば可能にしているのが、このネットワーク効果なのである。これは、デジタル通貨についても成り立つ。

さらに、個人データの蓄積も同様に、ユーザーを一つのサービスに集中させ、プラットフォーマーの独り勝ちを可能にさせる。例えば、個人のデータが蓄積し、個人の嗜好などがプラットフォーマーによって把握されれば、それに沿った新商品の情報などが提供されるようになり、ユーザーの利便性も高まっていくのである。

他のサービスに乗り換えれば、それまで蓄積された個人のデータが失われ、利便性が低下してしまうため、利用者は同じサービスを利用し続ける傾向が強まり、これが、プラットフォーマーの独占、寡占を助けることになる。

他方、個人が自らの個人データを他のサービスに自由に移し替えることができれば、こうした制約は無くなり、他のサービスに乗り換えやすくなる。それが、市場の競争条件を高め、プラットフォーマーが個人データを囲い込んでいる現在の構図を崩すことができるだろう。日本での「情報銀行」の創設は、まさにこのような考えに基づいたものだ。

フェイスブックのような大手プラットフォーマーが金融業に参入すれば、同様にして、ネットワーク効果と個人データ活用を背景に、既存の金融機関を駆逐して一気に金融業で独占、寡占の地位を築いてしまうことが懸念されているのだ。それについては次の第4章で詳しく見ることにしよう。

そして、個人データの共有を義務付けることで、ネットワーク効果を低下させ、独占、寡占を回避することが、リブラに対する重要な規制の選択肢の一つとして考えられる。これについては、第7章で再度検討してみたい。

section
3-3

# 見えない対価と情報の非対称性という問題

## 見えにくい利用者の対価

次に、リブラに対する規制の議論でも大きな焦点の一つとなっている、プラットフォーマーによる個人データの扱いと、プライバシー保護の問題について考えてみよう。

無料サービスのビジネスモデルでは、サービスを提供するプラットフォーマーは、取得した個人データを利用して、広告収入など巨額の収益を挙げている。

一方でユーザーは、ある意味楽しみながら、知らぬ間に自らデータを生み出し、プラットフォーマーにデータを提供していく。それと引き換えに、サービスを無料で受けることができるのである。また、提供するデータは、ユーザーに有益な情報をもたらすことにも使われるなど、利便性をさらに高めるサービスを生み出すことにもなる。

そう考えれば、こうしたプラットフォーマーのビジネスは、企業側、ユーザー側の双方ともにメリットがある、Ｗｉｎ－Ｗｉｎの関係を生み出すビジネスモデルのようにも見える。しかし、実際には、ユーザーは見えない対価、コストを払わされていることを見逃してはならない。

ユーザーには、付加価値のあるデータを自ら作り出すという意味で、生産活動を行う生産者という側面もある。しかし、ユーザーが生産したデータへの対価は、プラットフォーマーからは直接的には受け取っていない。仮にユーザーが自ら作り出した個人データを、他の企業に売っていれば、収入を得ることができる。それを諦めて、プラットフォーマーに個人データを差し出しているという点で、実は、ユーザーには機会費用が発生しているのである。

もう一つの対価、コストは、利用者が提供する個人データに関わる様々なリスクだ。個人が提供したデータが、実際にどのように使われるのかが必ずしも明らかでない。もし個人が特定される状態でデータが外部に流出してしまえば、深刻なプライバシー侵害の問題を引き起こしてしまうのである。

こうした指摘を受けて、プラットフォーマーは、個人データの使い方、ユーザーがどの程度のデータ利用を認めるのか、自らが詳細に決定できるような仕組みを導入し始めている。それでも、膨大なユーザー向けの説明文を詳細に理解することは難しく（いわゆる同意疲れ）、そこに付け込んで、プラットフォーマーが個人データの利用について依然として高い自由度を維持している、ともしばしば指摘されている。

こうした場合、ユーザーは個人データを提供することで、どの程度、プライバシー侵害のリスクなどを負っているのかは、明らかではない。一方で企業側はある程度それを把握できる。これでは、ユーザーは無料サービスを受けることに対して、不透明な対価を支払っているということになるだろう。

ちなみにリブラの場合にも、ユーザーがリブラを使って商品を購入した取引履歴などが、大きな価値を生む個人データとなる。それについても、以上の2つの意味で、ユーザーは気が付かないうちに大きな対価、コストを支払わされることになりかねない。

## 崩れる限界コストゼロの前提

個人データの提供に関して、プライバシー侵害のリスクなどを巡って、サービスの提供者とユーザーとの間で、情報格差、情報の非対称性がある場合に、自由な市場取引では適切な資源配分がなされない。こうしたことを、経済学では「市場の失敗（market failure）」と呼ぶ。プラットフォーマーの無料サービスは、ネット・サービスと個人データとを物々交換するようなものだが、その際に、情報の非対称性が大きいことが特徴だ。そうした市場の失敗がある場合には、当局がその取引に介入することが正当化される。

このように、情報の非対称性に基づく市場の失敗が、プラットフォーマーに対する各国での規制強化の底流にある。後に見るように、フェイスブックは、何度も個人データ漏洩問題を起こしており、データ管理の徹底を強く求められるようになった。それには、追加のシステム投資や人材の投入が必要となる。

また、SNS上の個人の投稿に、機械による投稿も含めて、世論を操作する目的の内容が含まれ、それが選挙対策に使われていることが明らかになった。また人権問題を引き起こすような不適切な内容、ヘイトスピーチ的な内容への対応も議論されるようになってきた。

フェイスブックに代表されるように、プラットフォーマーは、自らは「場」を提供するのがビジネスであり、利用者が投稿するコンテンツの内容には関知しないというのが当初の基本姿勢だった。しかし、強い批判にさらされた結果、現在ではフェイスブックも、コンテンツをチェックする体制を敷くようになっている。プラットフォーマーが、当初、ビジネスモデルを構築する際には想定していなかった、追加的な費用がここに発生しているのである。

その結果、限界費用ゼロ（あるいは低限界費用）という、プラットフォーマーのビジネスの前提は、実は崩れつつあるのだ。フェイスブックやツイッターが投稿されたコンテンツをチェックするには、AIを一部活用するにしても、相当の労働力の投入が必要だ。しかも、サービスの数、生み出されるコンテンツの数が増えていくと、限界費用は顕著に高まっていく可能性がある。

一人がチェックするコンテンツの量が増えていけば、一人当たりの労働時間に限りがある中では、コンテンツの増加ペース以上に人員を増加させなければならなくなるだろう。その際には、時間当たりの給与以外などのフリンジベネフィット（間接人件費）も増加し、人員増加に合わせて新たな施設を準備する必要なども生じる。その結果、限界費用、つまり生産量を1単位増やすのに必要なコスト（変動費）は顕著に高まることになるだろう。

既に見たように、サービスの供給曲線は、限界費用で決まる。生産量の増加と共に限界費用が高まる下では、供給曲線の傾きは高まり、無料でのサービス供給はますます難しくなるだろう。規制強化をきっかけに、プラットフォーマーは、収益を確保するために、今までのビジネスモデルを大幅に見直すことが求められる時期にきたのである。

そして、フェイスブックにとっては、こうした中でいわば活路を見出すために、自ら今までのビジネスモデルを変え、またビジネス領域を拡大していくことが、実際に喫緊の課題となってきた。その延長線上にあるのが、リブラ計画なのだと思われる。

section
3-4

# 「価格の個別化」が引き起こす消費者余剰の大幅縮小

## 「一物多価」で何が起こる?

市場を席巻したプラットフォーマーは、ネットを通じて得られる個人データを分析することで、ある製品やサービスについてユーザーがぎりぎり払っても良いと考える価格を割り出し、その価格で個々のユーザーに製品やサービスを提供していくことも可能となる。その場合、消費者余剰は大幅に縮小し、その分、プラットフォーマーは巨額の利益を挙げることができる。

リブラを主導するフェイスブックが、金融業に本格的に参入し、ユーザーに金融商品を提供し始める場合を想定してみよう。この際にはフェイスブックは、あるユーザーの金融取引履歴の情報に、ネット・サービスから得られる情報を組み合わせることで、そのユーザーがぎりぎり払っても良いと考える価格を推測し、その価格で金融商品を提供することも可能となる。

例えば、あるユーザーが新車のサイトを何度も閲覧し、またSNSで新車購入について書き込みをしている場合、このユーザーが早期に自動車購入を計画していることが考えられる。その場合、比較的高めの金利で自動車ローンのプランをユーザーに案内することができる。プラットフォーマーが金融業でも独占、寡占状態を確立していけば、このようなビジネスが可能となるのである。

こうした戦略は、ネット・サービスで多くの個人データを取得、蓄積しているフェイスブックであればこそ可能なのであり、既存の金融機関には真似はできない。

再び、需要曲線、供給曲線を用いて、こうした価格設定について分析してみよう。モデルで用いる総需要曲線は、実際には、個々の消費者の需要曲線を合計したものだが、企業は個々の需要曲線を知ることは通常できない。その下で、総需要曲線と企業の総供給曲線の交点で、価格と商品の生産量が決まるのが普通である。

既に見たように、「一物一価」が成り立っていれば、ある商品に支払っても良いと考える価格よりも実際の価格が低い場合に、消費者は一物一価の恩恵を受け、消費者余剰が発生する。

しかし、企業が一定グループごとの消費者の嗜好、つまり需要曲線（関数）を把握することができれば、それぞれに異なる価格を提示することが可能となる。現在の価格よりも多く支払ってでも、その商品を買いたいと考える消費者らに対しては、より高い価格で商品を売ることができるだろう。その結果、消費者余剰は縮小し、その分、企業はより大きな生産者余剰、利益を挙げることになる。

これを**図表3－3**で示すと、通常は需要曲線と供給曲線は（P0、Q0）で交わり、企業は商品をQ0分だけ生産し、価格P0で販売する。この場合、消費者余剰はP0を通る水平線と需要曲線で囲まれた三角形の部分の面積の合計で表される。

ところが、企業が一定グループごとの消費者の需要曲線を把握することができ、それに応じて異なる価格を設定する場合には、新たな供給曲線は、階段状で示されたものとなると考えることができよう。

この場合、消費者余剰はこの新たな階段状の供給曲線と需要曲線で囲まれた部分の面積へと、大幅に縮小してしまう。その消費者余剰の縮小分は、生産者余剰の拡大、つまり企業利益の拡大分に他ならない。

**図表 3-3 ● 消費者余剰が縮小するケース**

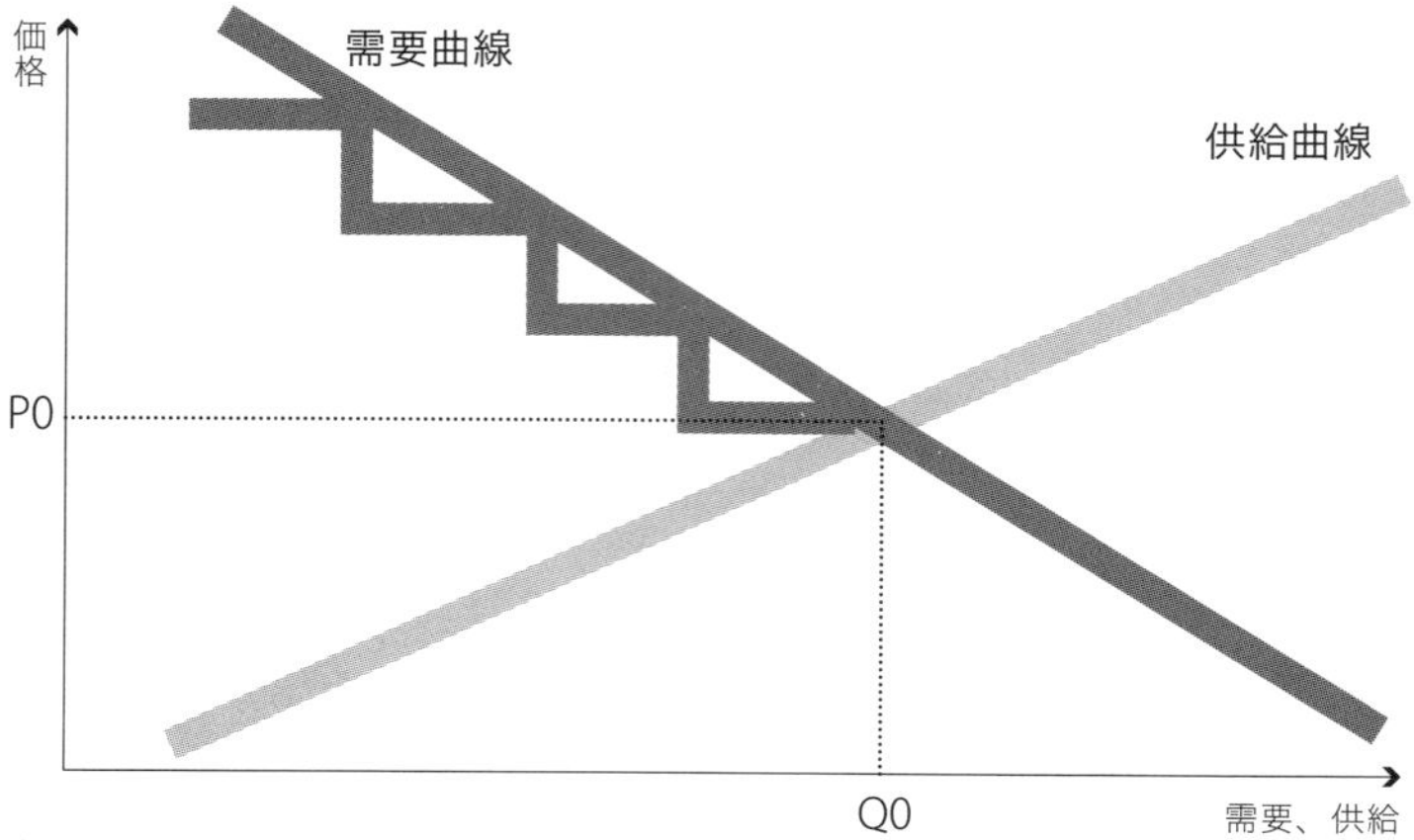


出所：野村総合研究所

## 消費者余剰はどこまで消滅する？

さらに、企業が個々の消費者の嗜好を完全に把握し、それぞれに異なる価格設定ができる場合には、図表3－3の階段状の供給曲線は、階段がなくなって需要曲線に一致すると考えることができる。その場合、消費者余剰は完全に消滅してしまい、従来の供給曲線と需要曲線とで囲まれた左側部分が全て生産者余剰、つまり企業の利益となるのである。

果たして、企業がある商品に対する個々の消費者の嗜好（需要関数）を完全に把握することは可能なのだろうか。完全には難しいが、ある程度把握することは可能だろう。それを可能にしているのが、各種ネット・サービスなのである。

ネット閲覧・検索の履歴、ＳＮＳでの投稿の履歴などから、ＡＩが個人の嗜好を判断することができる。それに応じて、消費者が支払っても良いというぎりぎりの価格を、ネットを通じて個々の消費者に提示するのである。価格の提示はネット上で個々になされるため、他の消費者に提示された価格は知らされない。これは、まさに「価格の個別化」と言えるだろう。

フェイスブックのようなプラットフォーマーが金融業に本格参入し、リブラといった通貨にとどまらず、金融業全体を席巻した後には、同じように消費者の利益が大きく損なわれることを、規制当局者は大いに懸念しているのである。その懸念には根拠があるのだ。

section
3-5

# フェイスブックの個人データ流出事件

## 民主主義の根幹を揺るがす世論操作

さて、リブラに対して世界の当局者らが強い懸念を示す理由の一つは、それが個人データの流出事件を起こしたフェイスブックが主導しているということだ。リブラの利用によって蓄積される個人の取引履歴が、再び外部へと流出し、個人のプライバシー侵害などを生じさせることがないか、警戒しているのである。そこで、本節では、リブラを主導するフェイスブックが起こした個人データの流出事件を振り返ってみたい。

今まで見てきたように、ネット・サービスは、その利用者に大きな効用をもたらし、生活を豊かにする。しかし、SNS等を通じて、利用者にフェイクニュースが流され、また知らないうちに考え方を誘導されてしまう可能性もある。それによって選挙での投票行動が操作されてしまえば、まさに民主主義の基盤が揺るがされる深刻な事態ともなるのだ。

ネット・サービスが持つそうしたリスクが注目される大きなきっかけとなったのは、2016年の米大統領選挙だ。ネットの個人サイトやSNSを通じてフェイクニュースが意図的に拡散されて、それが選挙結果に影響を与える事例が見られたのである。

ロシアによるハッキングや不正広告などのサイバー攻撃が、選挙の結果に影響を与えたとされた。そして、トランプ候補陣営も、ある会社が持つ有権者の心理分析結果にビッグデータを組み合わせて、小さなグループごとに個別広告（マイクロ・ターゲット広告）を、SNSや電子メールなどを通じて有権者に送った。この戦略が、選挙結果に影響したと考えられている。

その会社が、英国の選挙コンサルティング会社ケンブリッジ・アナリティカ社である。同社は、英国のSCLグループというコンサルティング会社の子会社として2013年に設立された選挙コンサルティング会社だ。

ケンブリッジ・アナリティカ社は、学術目的として最大8700万人分の個人データ（友人の情報を含む）を、フェイスブックを通じて入手していた。そして、2016年11月の米大統領選挙で、同社はトランプ陣営に雇われた。

他方、英ケンブリッジ大学のアレクサンドル・コーガン教授は、フェイスブックで利用できる性格診断アプリを開発した。当時のフェイスブックの連携アプリは、本人の情報だけでなく、友人の情報まで簡単に取得することができたという。

その後同社は、コーガン教授が開発したアプリから得た個人の特性に関する情報と、フェイスブックから得た個人情報とを組み合わせて、有権者それぞれの嗜好や政治的方向性を把握した上で、トランプ候補に有利な情報、対立候補のクリントン氏には不利な情報、いわゆるフェイクニュースを流した。

このように、フェイスブックのアプリから取得された2種類の個人情報が、ユーザーが了承した利用目的と異なる形で不正に利用され、その不正利用をフェイスブックが防ぐことができずに情報管理能力が厳しく問われたのが、「フェイスブックによる個人情報流出事件」である。

## ケンブリッジ・アナリティカ社の手法

ケンブリッジ・アナリティカ社は米国の地理的、統計学的な情報を5000のデータポイントで分析し、有権者の政治・消費行動、ライフスタイルと個人の心理分析に基づく分類を加えて総合判断した。これに基づき、個々の有権者にそれぞれ異なる選挙メッセージを送り、投票行動に影響を与えることを狙った〔*8〕。

具体的な戦略としては、現状に不満を持っている割合が高いとされる地方の白人男性をターゲットにした。また、民主党支持の傾向が強いヒスパニック系の有権者についても、フロリダでは、共和党支持に動く余地があると判断して、ターゲット広告を強化したという。

メキシコとの国境に近い南部州に住む民主党支持の白人男性でも、ケンブリッジ・アナリティカ社の心理分析で心配性の傾向が強いと判断されれば、「クリントン候補が大統領になれば、難民、移民が大量に流入する」との情報を流すことで、共和党のトランプ候補の支持に変えさせることができたのかもしれない。

また、トランプ陣営は、対抗馬であったクリントン候補に有権者が票を投じることを阻止するために、投票自体をしないように働きかける戦略もとったという。

## 対応に消極的だったプラットフォーマー

英国の研究組織「コンピュテーショナル・プロパガンダ・プロジェクト」と米国の調査会社グラフィカがまとめた2つの報告書では、ともに、捜査に積極的に協力しようとしないデジタル・プラットフォーマーの姿勢が批判されている〔＊9〕。

フェイクニュースの問題が明らかになってからも、フェイスブックやグーグル、ツイッターなどのプラットフォーマーは、データを小出しに出すなどして時間稼ぎをしたと言われている。

また、プラットフォーマーは、自社のプラットフォームがフェイクニュースの拡散に利用されたことを当初は否定し、是正措置を講じようとしなかった。この報告書は、フェイスブック傘下のインスタグラムが、ロシアの偽情報拡散の拠点に利用されていたことを明らかにしている。

フェイクニュース、あるいは人種差別的な発言など、問題のあるコンテンツへの対策について、プラットフォーマーが積極的でないことが、米国の議員たちのいら立ちを強め、彼らにコンテンツへの責任を負わせる法律を制定するなど、規制強化に向けた動きを加速させてきたのである。

section
3-6

# GAFA解体も視野に入れた米国での規制強化

## 反トラスト法違反容疑でGAFAを捜査

米国では、反トラスト法（日本の独占禁止法）による当局のGAFA取り締まりに向けた動きが、急速に強まっている。

２０１９年6月には、反トラスト法の執行権限を共有している米司法省と米連邦取引委員会（FTC）が、GAFAに対する捜査の管轄分担に合意した。この合意は、反トラスト法違反容疑によるGAFAへの捜査開始に道を開くものだ。具体的には、司法省はグーグルとアップル、FTCはフェイスブックとアマゾンの反トラスト法違反の疑いについて、それぞれ捜査する権限を得たのである。

さらに、米下院の司法委員会も、GAFAに対して、反トラスト法違反がないか調査を始めることを超党派で決めた。下院司法委員会の反トラスト小委員会で民主党リーダーのデビッド・シシリン議員は、「デジタル分野での（ＧＡＦＡの）市場支配力が大きなリスク要因になっている」としている。

ＧＡＦＡへの規制では、従来はＥＵが先行してきた。これは主に、ＧＡＦＡにＥＵ域内の個人情報を独占されることや、情報流出のリスクが高まることを警戒してのことだ。そうした規制強化の流れの中、２０１８年５月に成立したのがＧＤＰＲ（ＥＵ一般データ保護規則）だ。

米国でも、ＧＡＦＡを反トラスト法で取り締まることは以前から議論されてきたが、議論がなかなか進まなかった。その背景には、従来、反トラスト法は、独占状態下で不当に高い価格を消費者に押し付け、不利益を生じさせている企業を取り締まることを目的にしてきたことがある。

ＧＡＦＡの提供するサービスは、既に見たように無料あるいは低価格のものが多いことから、従来の法解釈の下では、ＧＡＦＡの独占を違法とすることは難しかったのである。これに対して、米司法省は新たな解釈を用いて現行の反トラスト法を適用してＧＡＦＡを取り締まる方向に舵を切ったのである。

## 反トラスト法の新たな解釈で買収を規制

米司法省は２０１９年６月に、反トラスト法の新たな解釈を公表した。「消費者の不利益」

の概念を従来よりも幅広くとらえて、競合相手を買収することで革新的な製品やサービスが市場に出回らなくなり、また、企業が個人データを独占することで、プライバシー保護の取り組みがおろそかになるような場合も、ライバル不在の「質の低い競争」状態の結果生じる消費者の不利益とみなすものだ。

例えば、フェイスブックは、ライバルとして浮上してきた写真共有アプリの「インスタグラム」や対話アプリの「ワッツアップ（WhatsApp）」を買収したが、こうしたことに反トラスト法を適用することが検討されている。

米司法省のマカン・デラヒム反トラスト局長は、違法な買収によって企業が市場から引き揚げられるようなケースにも反トラスト法は適用されるべき、と説明している。同氏は、1974年に司法省が反トラスト法で訴えた通信大手のAT&Tと、1998年に同様の訴えを当局が起こしたマイクロソフトの例もひきあいにした。消費者、利用者への不利益を拡大解釈することで、GAFAを法で取り締まることが検討されているのは、日本の独占禁止法でも同様である。

さらに、民主党の大統領候補、エリザベス・ウォーレン上院議員は、GAFA分割論を提唱し、マイクロソフトと同様の行動が必要と訴えている。ミズーリ州選出のジョシュ・ホーリー上院議員など、共和党議員もプラットフォーマー批判の急先鋒《せんぽう》として台頭している。

米司法省のデラヒム反トラスト局長も、参考例として1911年に米最高裁の命令で34社に解体された石油大手スタンダード・オイルの例をあげており、ＧＡＦＡの分割も選択肢から除外しない可能性を示唆している。

こうした反トラスト法によるＧＡＦＡ取り締まりの動きは、米国の競争政策が放任から規制へと大きく振れるきっかけとなる可能性があるだろう。さらに、ＧＡＦＡの分割も含め、ＧＡＦＡへの規制強化は、２０２０年米大統領選挙での争点の一つとしても浮上している。

## ＧＡＦＡは解体論、分割論を強く牽制

ＧＡＦＡはこうした解体論、分割論に強く反発している。フェイスブックのマーク・ザッカーバーグＣＥＯ（最高経営責任者）は解体、分割は問題の解決にはならないと訴えている。不正コンテンツの監視などには、一定の人員と予算を持つ企業規模が必要であるとし、分割すればその企業規模が保持できなくなると主張している。

同氏は、フェイスブックは、ユーザーの安全やセキュリティー対策に、２０１２年の上場時の売り上げ以上のコストを割いている、と発言した。さらに、同社から「インスタグラム」などを切り離せば、安全対策に支障が出るとの見方も示している。グーグル傘下の動画サイト、ユーチューブのＣＥＯも、コンテンツの監視でグーグルの経営資源を借りることができるとして、企業規模のメリットを強調する発言をしている。

このように、GAFAは、自らが解体されれば、今まで米議会などが問題視してきたプライバシー保護、コンテンツの監視などがむしろ疎かになってしまうと主張しているのである。GAFAのビジネス規模が大きくなったがゆえに、一定程度の企業規模を維持しないと、様々なリスクをコントロールできないという脅しを司法当局及び議会に投げかけている。これは一種の「大き過ぎて潰せない（too big to fail）」の主張でもある。

## フェイスブックはなぜリブラ発行を計画したか

このように、フェイスブックを含め、GAFAには、分割、解体の可能性も視野に、米国の司法による規制強化が及ぼうとしている。

フェイスブックは個人情報の利用を巡り米連邦取引委員会から過去最高額 5,400 億円の制裁金を科せられた
写真：AP／アフロ

まさにそうしたタイミングで、フェイスブックはリブラ計画を発表したのである。

このタイミングでは、フェイスブックが金融業でも新たに個人データを入手し、それを利用して独占的な地位を得る、あるいは再びデータ流出問題を引き起こす、との警戒心を多くの人が強めることはフェイスブックも容易に想像できたはずである。

それにもかかわらず、リブラ計画を発表した背景には、イメージアップの狙いがあったのかもしれない。第1章で見たように、フェイスブックは、リブラが金融包摂を促すという社会貢献的な意義をことさら強調している。

さらに、既に見たように、規制強化とそれに伴うコスト増加によって、従来のネット・ビジネスが儲からなくなってきていることも大きな理由の一つなのではないか。つまり、金融業に新たな収益の活路を見出すということではなかろうか。

第1章で見たように、リブラの利用が広がると、その運営を担うリブラ協会には、相当額の収入が入ることになるのである。

＊8　『デジタル・ポピュリズム：操作される世論と民主主義』、福田直子、集英社新書、2018年

＊9　「ロシアの情報戦争、米国への脅威」、『フィナンシャル・タイムズ』、2018年12月20日

# 第4章

# リブラは銀行制度を破壊するのか

section

# 4-1 フィンテックからプラットフォーマーの時代へ

## 決済業務は金融業本格参入の足掛かり

第3章では、フェイスブックなどプラットフォーマーのビジネスモデルについて、改めて検証してみた。これをまず理解しておかないと、フェイスブックが主導するリブラが、これほどまでに強く警戒されている理由は分からない。また、金融サービスを受ける人の利便性を一段と高めることができると予想されるリブラに対して、そうしたプラスの面が発揮されるようにするための、適切な規制の方策も見えてこない。

とりわけ重要なのは、プラットフォーマーが大量の個人データを取得し分析することを通じて、強いネットワーク効果を発揮し、金融業界でも独占、寡占的地位を短期間で築き上げてしまう危険性が高いことだ。そうなってしまえば、利便性を高めるはずのリブラは、結局、人々の利便性を低下させてしまうだろう。

本章では、大手プラットフォーマーが金融業界に本格的に参入することで、既存の金融業、とりわけ銀行がどのような影響を受けるのか、また、どのような規制策を講じれば、既存の金融機関とプラットフォーマーとが共存し、金融サービスを受けるユーザーにとって望ましい環境となるのか、について考えてみたい。

リブラは、大手プラットフォーマーが初めてグローバルな決済業務に乗り出す事例であるが、フェイスブックはそれを足掛かりとして、預金・貸出業務、運用業務、保険業務など、多くの金融業務に手を広げていくことを視野に入れている可能性が高いと思われる。そのため、リブラの規制を考える際にも、大手プラットフォーマーによる金融業本格参入への対応、というかなり広い捉え方をしておくことが必要だろう。

## フィンテックは新たな局面に

金融と技術の造語であるフィンテック（FinTech）という言葉が注目され始めて久しい。金融サービスのユーザーに新たな利便性を提供することを掲げるスタートアップ企業が、伝統的な銀行業務の一角を切り崩していくアンバンドリング（unbundling）は、銀行にとっては大いに脅威となった。

その後、銀行自らがフィンテックを推進させる一方、銀行がそうしたスタートアップ企業と協調する、あるいは買収や提携などを通じて新しい技術を取り入れる動きも広がり、銀行とスタートアップ企業との間には、競争と協調の関係が入り交じる状況が続いてきた。

しかし、こうしたフィンテックは、現在、新たな局面を迎えている。革新的で利便性の高い新しい金融サービスを提供するスタートアップ企業ではなく、電子商取引やSNS（ソーシャル・ネットワーキング・サービス）などを提供するデジタル・プラットフォーマーが、金融業界に本格的に参入してきたからだ。

プラットフォーマーによる金融業参入については、第6章で見る中国のアリババグループやテンセントなどが先行している。しかし、その活動は概ね中国国内に限定されている。それに対して、地域に限定されない世界規模の動きとして注目されているのが、フェイスブックによる新デジタル通貨・リブラ計画なのである。

従来、フィンテックの担い手であったスタートアップ企業は、当初から金融業をターゲットにしている。プラットフォーマーはこれとは全く異なり、ネット・ビジネスを本業とし、そこで用いられたプラットフォーム・ビジネスモデルを利用して、新たに金融業に参入してくるのである。

金融機関にとっての脅威は、スタートアップ企業とは比べものにならないくらい大きいだろう。

## プラットフォーマーにとって金融業とは何か

プラットフォーマーの業務範囲を、ＩＴ技術及びコンサルティング（クラウド・コンピューティング、データ分析など）、消費財、コミュニケーション・サービス、金融、その他の5分野に分け、それぞれの収入額の構成比を見てみよう（２０１８年時点。ＢＩＳ（国際決済銀行）の計算による）。構成比が最大なのはＩＴ技術及びコンサルティングの46・2％であるが、金融は11・3％と、既にコア業務の一角を担う規模にまで育っている（**図表４－１**）。

　ネットワーク効果を背景とする市場独占、グローバルベースの巨大な顧客数、高いデータ収集・分析能力などを特徴とするプラット

**図表 4-1 ● プラットフォーマーの分野別収入構成**（%）

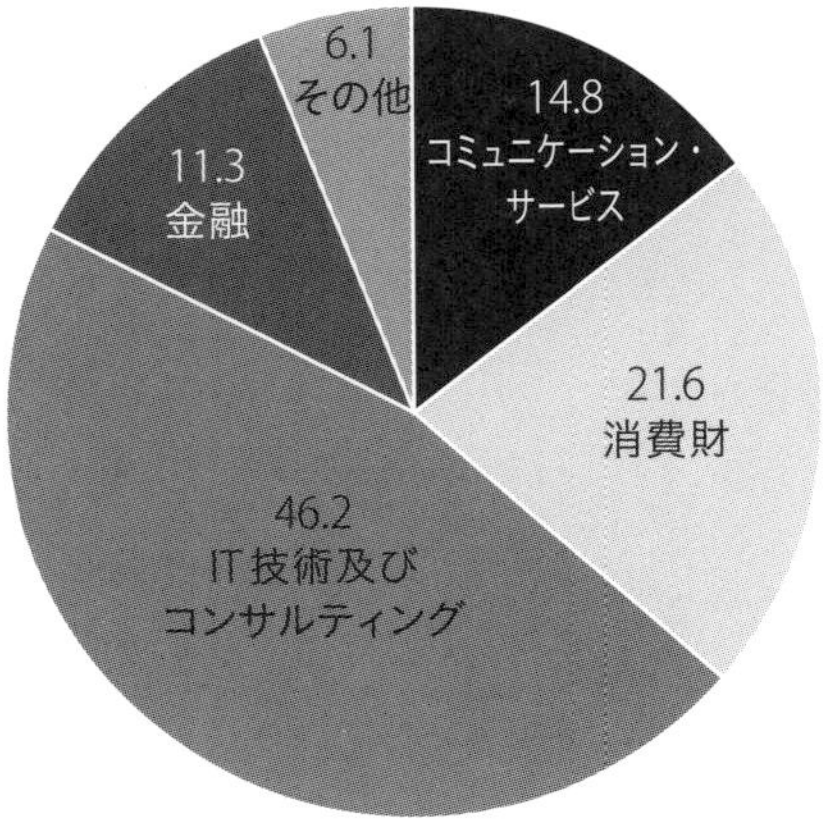


出所：*BIS Annual Economic Report 2019*

フォーマーの金融業参入が、既存の金融機関や金融当局にとっては、従来のスタートアップ企業とは比較にならないほどの大きな脅威となっているのは、十分に根拠があってのことだ。

他方、そうしたプラットフォーマーが掲げる、金融包摂の社会的な意義については、誰しもが認めざるを得ないだろう。既に見たとおり、リブラはユーザーに利便性の高いサービスをより低コストで提供できる、あるいは、銀行口座を持たず既存の銀行サービスにアクセスできないアンバンクトにも新たに金融サービスを提供できると主張している。

こうしたプラットフォーマーの金融業参入の意義と課題の双方について、BISのレポート〔*10〕を参照しつつ、検討してみたい。

## 決済業務が金融業参入の入り口に

スタートアップ企業と同様に、プラットフォーマーの場合も、金融業に参入する際の入り口となるのが、支払い送金などのいわゆる決済業務だ。例えば、中国のモバイル決済を担う2大プラットフォーム、アリペイとウィーチャットペイは、ネット・ショッピング（電子商取引）のアリババグループと、SNSを提供するテンセントがそれぞれ運営している。今では双方のグループ共に金融業に深く入り込んでいるが、その入り口はスマートフォンで簡単に操作できる決済サービスだった。

また、日本では、対話アプリのＬＩＮＥがスマートフォン決済のＬＩＮＥペイを運営しているが、将来的にはスマートフォン上で簡単に保険、投資信託などの商品の取引ができるようにすることを目指しており、決済業務はその入り口と位置付けている。これについては、後に詳しく見てみよう。

このように、決済業務がプラットフォーマーにとって金融業参入の入り口となりやすいのは、それが本業との親和性が非常に高いからに他ならない。電子商取引のアリババグループは、当初、自社の顧客である個人と企業との間の代金の受払いを安全、確実に行うことを目指して、決済業務を自ら始めた。それは、電子商取引のプラットフォームの中に組み込まれていったのである。こうしてプラットフォーマーが提供する決済サービスは、クレジットカード、デビットカードによる決済等を代替していった。

プラットフォーマーが提供する決済プラットフォームは、既存の決済手段に乗っかる形のものと、自ら別の決済手段を提供するものとに大別される。前者はアップルペイ、ペイパルのように、クレジットカード決済を仲介するようなものだ。後者は、プラットフォーマー自身のシステム（プラットフォーム）で決済が行われるもので、アリペイ、ウィーチャットペイなどがこれに当たる。

ただし現状では、どちらのタイプであっても既存の銀行決済制度がなければ決済が完結しないという点では共通している。

section

4-2

# 拡大するプラットフォーマーの金融業務

## 貸出業務への参入

このように、大手プラットフォーマーの金融業参入は、フェイスブックのリブラがそうであるように、デジタル通貨の発行など決済業務がその起点となりやすい。

しかし、プラットフォーマーは、そこにとどまることをせず、業務分野を拡大させ続け、各業務間で相互に強い相乗効果を発揮することを目指す。それが習性であり、プラットフォーマーの基本的なビジネスモデルの特徴でもある。そして、その相乗効果を発揮するための大きな武器となるのが、データなのである。

フェイスブックが、ひとたびリブラという決済業務に足掛かりを持てば、将来的には、その他の金融分野へと業務を拡大させていく可能性は高いだろう。繰り返しになるが、この点も予め十分に考慮した上で、当局は適切なリブラへの規制を今、検討しなければならないのである。

既に金融業に進出している他のプラットフォーマーは、決済業務だけでなく個人や中小企業を中心に貸出業務も始めている。銀行ではない、いわばノンバンクのプラットフォーマーとフィンテック企業が行う合計貸出額を、一人当たりの規模で各国比較をしてみると、突出して大きいのは中国の372ドルである（2017年）。また、韓国、英国、米国などの先進国でも100ドルを超え、高めとなっている。ちなみに日本はわずか3・4ドルに過ぎない（**図表4－2**）。

他方、プラットフォーマーとフィンテック企業による貸出合計の中で、プラットフォーマーの比率が目立って高い国は韓国、アルゼンチンなどだ。金融規制が弱く、また銀行の寡占度が高い国ほど、その比率が高いという傾向が見いだされる。

**図表 4-2 ● プラットフォーマー、フィンテック企業の貸出ビジネス**

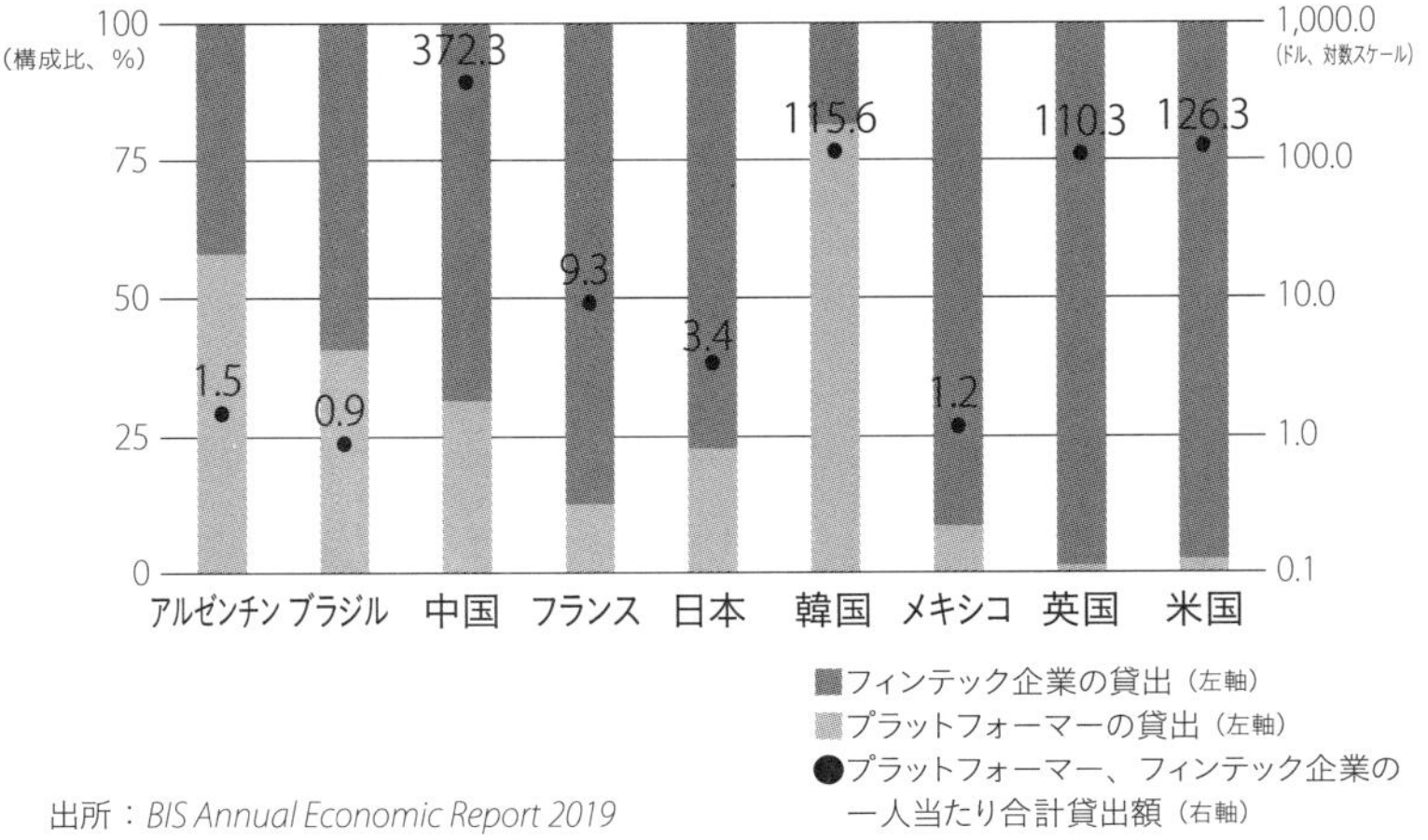


出所：*BIS Annual Economic Report 2019*

ところで、プラットフォーマーとフィンテック企業による貸出が、銀行も含む貸出全体に占める比率はまだ決して高くはない。その一人当たりの貸出規模が主要国の中で最も大きい中国でさえも、その比率は3％にも満たないのである（2017年）。

## 資金調達に課題

プラットフォーマーが貸出業務に進出する際に、その大きな制約となっているのは資金の調達だ。プラットフォーマーは、銀行のように個人の預金を集めることで大量の資金を調達することができないのである。

対応策としては、第1に、プラットフォーマーが自らオンライン銀行を設立する、ということがある。しかし、オンライン銀行の設立を制限している国は世界には少なくない。中国もその一つである。中国のプラットフォーマーであるアリババが筆頭株主のMyBankと、テンセントが筆頭株主のWeBankは、個人の銀行預金を集めるのではなく、主にインターバンク市場と企業からの譲渡性預金で資金調達をしている。

第2の対応は、プラットフォーマーが銀行と協力することだ。顧客と接するのはプラットフォーマーであり、彼らが得意とするデータ分析を通じて迅速に信用リスクの判断などを行い、貸出条件等を決める。これを銀行に繋いで銀行が貸出を行う、といった流れだ。

プラットフォーマーが提供するプラットフォームは、顧客数の拡大にも容易に対応でき、しかもかなりの低コストである。プラットフォーマーにとっては、顧客との接点ができることから、こうした仕組みは非常に魅力的だ。他方、銀行の収益増加にも大きく貢献する。双方にとってプラスとなる枠組みである。これは、後に見るような、プラットフォーマーと既存の銀行とが上手く併存していくモデルを考える上では、参考になる事例だ。

第3の対応は、プラットフォーマーが、証券化商品の発行を通じて資金を集めるという手段だ。アリババグループのアントフィナンシャルが発行したＡＢＳ（資産担保証券）は、２０１７年に中国で発行された証券化商品全体の実に３分の１程度を占めた。

## 運用・保険業務への参入

プラットフォーマーはその高い知名度や顧客への浸透力を生かして、投資信託や保険商品なども、そのプラットフォーム上で提供している。プラットフォーマーは既に見た決済、貸出業務に加えて、これらの金融サービスを一つのプラットフォーム（ワンストップ）で提供することで、既存の銀行や他の金融機関のサービスでは実現できない、高い利便性を顧客にもたらしているのである。

プラットフォーマーが提供する決済プラットフォームでは、顧客は決済に使うための資金を一定額、プラットフォーム上に待機させておくのが普通だ。中国では、プラットフォーマーはそれを短期間、関連会社が提供するＭＭＦ（マネー・マーケット・ファンド）、つまり短期国債等、流動性の高い安全資産で運用する投資信託などで短期間運用するよう顧客に働きかける。プラットフォーマーは、顧客のＭＭＦの投資や売却のデータをＡＩで分析し、そのパターンを認識することでＭＭＦの流動性管理も行っている。顧客がいつでもＭＭＦを換金して、決済に使うことができるように取り計らっているのである。

ただし、中国のプラットフォーマーが提供するＭＭＦは、個人金融資産全体の中ではそれほど大きな規模ではない。２０１８年末で中国のプラットフォーマーが提供するＭＭＦは２・４兆人民元（３６００億ドル）だが、これは銀行預金全体の１％程度である。

また、プラットフォーム上で保険商品を販売するプラットフォーマーも新たに出てきた。販売するのは主に他社の保険商品で、自動車保険、家財保険、医療保険などだ。

プラットフォーマーは、この分野でも顧客のデータを取得して、決済プラットフォームから別途入手した顧客データなどと結びつけることで付加価値を高める。それを保険商品販売のマーケティングや価格設定、あるいは他の金融サービスに最大限活かしているのである。

## 資産運用業務における余額宝《ユエバオ》の例

ところで、プラットフォーマーが提供するMMFで急成長した代表的な例が、アリババの金融子会社でアリペイを運営するアント フィナンシャルが発売した、「余額宝」だ。その詳細を見てみよう。

余額宝は、運用管理会社である天弘基金管理有限公司によって運営されている。この天弘基金が開示している運用契約書によると、余額宝の投資対象は、円滑な流動性を確保するため「①現金」「②短期融資債券」「③1年以内の定期預金」「④償還期限が1年以内の中央銀行手形」など償還期間の短いものとなっている。また、流動性維持の観点から、各取引日における平均償還期間は120日間を超えないように運用されているという。

余額宝が成長する上で強い追い風となったのは、銀行間金利（インターバンク・レート）の上昇である。その水準が銀行預金金利を上回る局面では、銀行預金の魅力は相対的に低下し、反対に銀行間金利に連動して金利が上昇するMMFの魅力が高まる。そのため、MMFへの資金流入が加速したのである。

余額宝がスタートしたのは、2013年6月のことだ。それが、2018年9月末時点で、余額宝の規模は1兆9300億元（31兆2000億円）に達した。僅か5年間で、世界最大のMMFにまで急成長を遂げたのである。

ちなみに、この余額宝は1元（約17円）から購入可能であり、また決済機能を内蔵しているMMFだ。ユーザーは、アリペイで決済する時に、余額宝での直接決済も可能となる。他方、アリペイアプリ内にプールされた資金には金利が付かない。そのため、多くのユーザーは、余額宝での運用に多くの資金を回していると見られる。アリペイのユーザー数は2019年1月9日時点で10億人超と発表されたが、そのうち余額宝のユーザーは約4割に達していると見られる。

## プラットフォーマーのデータ取得と分析

プラットフォーマーが金融業に参入する場合、既存の金融機関に対して非常に優位となるのは、これまで見てきたように、本業である電子商取引、SNS、対話アプリ、ネット検索などのサービスと同じプラットフォーム上で、いわばワンストップでユーザーに金融

世界最大のMMFとなった余額宝
写真：Imaginechina／アフロ

サービスを提供できるという高い利便性だ。例えばネット・ショッピングと代金の支払い、対話アプリと個人間の送金などが、同じプラットフォーム上で可能となる。これは、ユーザーにとっては非常に便利なことだ。このような利便性の高いサービスは、既存の金融機関では到底提供できない。

さらにプラットフォーマーにとって大きな武器となるのは、これらの複数のサービスの組み合わせから、大量の価値あるビッグデータを取得し分析できることだ。商品購入、金融資産投資、ネット投稿、ネット検索など、個人の様々な行動についてのデータを組み合わせることで、個人の嗜好やニーズを多角的に捉え、それに基づいて個々のユーザーに有益なサービスを提供できる。一部の財務データしか入手できない金融機関には、こうしたことは、到底真似できないのである。

そして、利便性の高いサービスを提供することで、いわゆるネットワーク効果が発揮され、プラットフォーマーは新規に参入する金融分野においても、第3章で見たネット・サービスと全く同様に、いともたやすく寡占・独占的地位を確立していく可能性が高い。それは、より大規模のデータ取得にも繋がるものだ。

一般的に金融業は、他社の商品と差別化を進めることが比較的難しい、つまり他社と違った商品を提供することが難しいことから、競争条件は自ずと激しくなりやすい。その結果、寡占・独占は起きにくい業種だと長らく考えられてきた。

ところが、プラットフォーマーという新たな業態の参入によって、そうした従来の常識が一変する可能性が出てきたのだ。それこそが、既存の金融機関にとっては非常に大きな脅威なのである。

section 4-3

# プラットフォーマーが金融に参入する社会的意義

## 金融包摂を促す潜在力を持つプラットフォーマー

プラットフォーマーの金融業参入については、社会にとってのメリットとデメリットの双方を、バランス良く評価することが求められる。プラットフォーマーがプラットフォーマーたるゆえんでもある、ネットワーク効果、データの利活用を通じて生じる独占、寡占といった大きな問題を考える前に、プラットフォーマーの金融業参入の社会的意義について改めて考えてみたい。

第2章で見たように、金融取引へのデジタル技術の導入は金融包摂を促すものとなる。金融取引のコストを大幅に削減したり、金融サービスにアクセスできなかった人々にもそのアクセスを容易にするからだ。

これは、通常のフィンテック企業についても当てはまるものだが、プラットフォーマーの場合には、その規模が飛躍的に大きなものとなる潜在力がある。世界では、人口に対して銀行の支店の数が少ない国で、貸出全体に占めるプラットフォーマーの貸出が占める比率が高いという傾向が見られる。

ここから、既存の銀行を代替する形で、プラットフォーマーが銀行サービスを提供している姿が窺える。

## 貸出業務に見るプラットフォーマーの優位性

たとえば貸出業務について見てみよう。貸出金利を決める要素は、借り手の信用リスクとその不確実性、あるいはそれを測るために必要な調査コスト等だ。銀行は、信用リスクを推定するために、様々な情報源を活用する。また、貸し倒れリスクを減らすために、銀行は借り手の動向を常にモニターし、また必要に応じて担保の差し入れを要求する。

貸出時の条件に従って、借り手に資金の返済を促すこと、つまり借金の取立ては、銀行にとっては大きなコストである。それを回避するために、銀行は、借り手に不動産などの資産を担保として差し入れることを要求するのである。

こうした作業には大きなコストがかかり、また長い時間を要するのが普通だ。こうした多くのコストが、貸出金利に上乗せされ、資金の借り手にとっての負担となる。さらに、担保とするのに十分な資産のない個人や企業は資金の借り入れが困難となり、それが企業の成長の芽を摘んでしまうなど、経済活動全体にも悪影響を及ぼすことになる。

ところが、プラットフォーマーは、金融取引だけでなく、電子商取引、SNS、対話アプリ、ネット閲覧、ネット検索など様々なネット・ビジネスから得られる顧客の個人データを集め、AI分析を活用して、借り手の信用リスクを低コストで簡単に判断できる。この低コストは貸出金利の低下にも繋がり、借り手にとってもメリットとなる。

また、仮に貸出資金の返済が滞る場合でも、電子商取引のプラットフォーム上にプールされているユーザーの資金を押さえることで、比較的容易に貸出資金を回収することができる。

さらに、プラットフォーマーが高いネットワーク効果の下で、ユーザーが容易に他のプラットフォームに乗り換えることができない場合、つまりスイッチングコストが高い状態の下では、プラットフォーマーは様々なサービスの利用を制限するとユーザーを脅すことで、ユーザーに資金返済を促すことも可能となる。

こうした銀行にはない、低コストでの信用リスクの判断手段と強力な貸出資金の回収手段とを持つプラットフォーマーは、貸出の際に、借り手に不動産などの担保差し入れをそもそも要求しないのである。

中国では、銀行貸出と比べて、プラットフォーマーの貸出は、住宅価格の変動との関係が薄いという特徴が明確に見られる。その背景には、プラットフォーマーの貸出には住宅担保が用いられないという事情があるのだろう。

## 国によって普及状況が異なる背景

アマゾンなど電子商取引のプラットフォーマーがかつてビジネスを拡大していった際には、既に米国ではクレジットカード決済が支配的となっていたことから、それに乗っかる形で決済プラットフォームが形作られていった。

他方、クレジットカード決済などキャッシュレス決済手段が広まっていない地域では、プラットフォーマー自身が提供するプラットフォーム上で決済が行われる傾向が強まったのである。その代表が中国だ。中国では消費者の商品購入の中でアリペイ、ウィーチャットペイなどプラットフォーマーが提供するモバイル決済の比率は、GDP（国内総生産）の実に16％にも及んでいる。一方、クレジットカード決済が普及している米国、英国、インドなどでは、その比率が1％にも達していない。

プラットフォーマーが各国でどれだけ決済システムに影響力を持つかは、その国で、住民が容易にアクセスできる銀行サービスの環境があるかどうかという点と、携帯電話・スマートフォンがどれ程国民の間で利用されているかという点の2つの環境に大きく左右される。

第2章で見たように、アンバンクトの割合は、先進国と比較して新興国では高い。先進国では銀行口座を持つ人の割合は平均で90％を超えているのに対して、新興国では50％を下回る国も少なくない。また、クレジットカードの保有率も、先進国の47％程度を大幅に下回る新興国が多いのが現状だ。

しかし、そうした新興国でも、携帯電話やスマートフォンの保有率は高めだ。新興国では、銀行サービスが行き届いておらず、かつ、携帯電話やスマートフォンの保有率が高いという2つの環境の下で、プラットフォーマーが提供する決済システムの利用が広がりやすいのである。

さらに、出稼ぎ労働者の海外送金が多い国でも、プラットフォーマーの決済システムが利用される傾向が高い。それは、銀行が提供する既存の決済システムの下では、海外送金は極めて割高であり、さらに迅速性を欠くことが多いためだ。海外からの出稼ぎ労働者が多い香港やフィリピンでは、アリペイなどが割安でリアルタイムに近い海外送金サービスを、既に提供している。

section
# 4-4 プラットフォーマーによる金融独占の可能性

## 市場独占とユーザーの利便性低下の問題

ここまでは、プラットフォーマーが提供する金融サービスの特徴、既存の金融業に対する優位性、またその社会的意義などについて検討を進めてきた。本節では、再びBISのレポート〔*11〕を参照しつつ、影響力の大きい大手プラットフォーマーが金融業に参入することによって、新たに生じる問題点や課題に焦点を当ててみたい。

プラットフォーマーの金融業参入によって新たに浮かび上がる様々なリスクは、第3章で見たような、プラットフォーマーに本来備わっている高い市場支配力に関連するものが中心となる。今まで見てきたように、プラットフォーマーの金融業参入の例は既に見られているが、リブラを主導するフェイスブックのような大手プラットフォーマーの場合には、その高い市場支配力を背景に、金融業で一気に独占、寡占状態を作り出す可能性が小さくないのである。

プラットフォーマーによってひとたびエコシステム（複数企業が商品開発や事業活動などで協力関係を結び、業界の枠や国境を越えて広く共存・共栄していく仕組み）が形作られると、競争相手がそれに競合するようなエコシステムを作ることが非常に難しくなる。そして、市場支配力を高めたプラットフォーマーは、ネットワーク効果により、市場シェアをさらに拡大していくと共に、新規参入の障壁を一気に高めてしまう。

また、プラットフォーマーは、金融サービスを提供する既存の金融機関と競合すると共に、いずれは彼らに金融のインフラ、つまりプラットフォームを提供する役割も担っていくことも考えられる。

その際、他の金融機関が自らのプラットフォームを利用して利用者にコンタクトする場合には、より高い手数料を設定することで、高い利益を得ようとするだろう。これは、利用者に不利益を与える。

また、プラットフォーマーは、幾つかの金融商品をパッケージとし、割引価格で販売する戦略をとることも考えられる。これも、競争環境に劇的な影響を与え、プラットフォーマーの市場独占を助けることになるだろう。

## 金融業で儲けなくても良いという強み

金融業では直接儲けられなくても、本業であるネット・サービス等で儲けられれば良いという戦略は、プラットフォーマーの非常に大きな強みとなっている。その結果、金融サービスでは非常に低い価格設定をすることができ、これが既存の銀行などに対する競争力を一気に高めるのである。これは、第3章で見た補完財のモデルだとも言えるだろう。

日本の無料対話アプリを運営するＬＩＮＥがその一例だ。ＬＩＮＥは２０１８年にスマートフォンを使った決済サービスＬＩＮＥペイの利用拡大に一気に動きだした。ＬＩＮＥは、電子メールよりも簡単にしかも無料で対話できるＬＩＮＥという対話アプリが急速に利用者を拡大したという成功体験を、決済の分野でも再現しようとしている。採算度外視でも利用者を拡大させることが第一であり、利用者が増えることでそのサービスの価値が高まるという、ネットワーク効果を狙っているのである。

ＬＩＮＥペイの利用を飛躍的に拡大させるには、まずはそれを使える場所を格段に増やす必要がある。そこで始めたのが、手数料無料化という戦略だ。ＬＩＮＥはスマートフォンにインストールするだけで決済端末となる専用アプリを店舗に無料配信しているが、このアプリを使って決済した場合には、店舗（中小業者）側の手数料が3年間無料になる。

販売額に応じて課される決済手数料は日本では現在3〜4%が主流だ。米国では2・5%、中国では0・5〜0・6%がスタンダードとされている。LINEの場合、とりあえずは3年間という限定ではあるものの、無料というのはかなり衝撃的だ。これをきっかけに、今や、手数料無料化が日本のスマートフォン決済の業界標準（スタンダード）となってきた感がある。さらにLINEは、利用者には決済金額の3〜5%をポイント還元して、店舗側と利用者側の双方からLINEペイの利用を促す戦略をとったのである。

## 手数料無料化で儲けるからくり

LINEやそのライバル会社が決済サービスを無料で提供しても、ビジネスとして成り

スターバックス コーヒーなど利用場所を増やしているLINEペイ

立つというのは一見不思議ではある。しかしそれは、もともと決済サービスで儲けるというビジネスモデルではないからだ。この点が、手数料収入で成り立っている銀行の伝統的な決済サービスとは根本的に異なる。そのため、スマートフォン決済などを巡る戦いでは銀行が苦境に陥りやすい。

ＬＩＮＥペイでは、無料アプリを使って顧客の決済を行うと、店舗の公式アカウントがその顧客とＬＩＮＥ上で「友だち」になるという特徴がある。店舗側はその後、キャンペーンやクーポン発行などのメッセージを顧客に届けられるようになるが、その際に広告収入がＬＩＮＥに入る仕組みだ。

このように、決済サービスを無料で提供しても、その利用が拡大していけばＬＩＮＥは儲けることができるビジネスモデルとなっている。中国のアリペイも、決済サービスをほぼ無料で利用者に提供しているが、そこから得られる取引履歴、つまり誰がいつどこで何を買ったかなどといった情報を蓄積し、それを自社のネット・ショッピングでのターゲット広告等に利用したり、他社に販売したりすることで稼ぐというビジネスモデルだ。

つまり、決済サービスは本業ではなくそこで儲ける必要がないため、無料で提供できるのである。

## 銀行が勝てない手数料無料のビジネスモデル

ところが銀行にとって決済サービスはまさに本業中の本業、業務の中核であり、今まで手数料収入でそれを成り立たせてきたという経緯がある。銀行がスマートフォン決済サービスに本格的に乗り出せば、顧客の取引履歴を入手することはできるが、プラットフォーマーのようにそれを本業に活用することはほとんどできないだろう。

従って銀行が手数料収入にこだわれば、リブラなどスマートフォン決済サービスの分野で競争していくのは難しくなる。また、プラットフォーマーなどによるスマートフォン決済が広がると、クレジットカードでの決済や銀行預金による決済が減っていくことになり、大手銀行にとっては大きな収益減となってしまう。それを何とか食い止めようとして、日本の銀行も自らスマートフォン決済サービスに乗り出しているが、それも、自らの既存の決済手数料収入を減らしてしまうことに変わりはない。

さらに銀行は、決済インフラに既に巨額の資金を注ぎ込んでいる。いわばレガシーコストだ。日本では、安定した決済システム、いつでも引き出し可能なＡＴＭ、１万３０００に上る店舗など、銀行が決算業務関連で抱えるインフラは、合計で10兆円規模にも上るという。銀行預金の決済取引が減ってしまえば、その分、固定費の重みはさらに増してしまうだろう。

このように銀行にとっては、スマートフォン決済サービスに乗り出すことは、自らの収益基盤を切り崩すことにもなるという、大きな自己矛盾を抱えている。それゆえに、この分野に一気にリソースを全力投入していくのは難しいだろう。レガシーコストもないプラットフォーマーとスマートフォン決済分野で勝負しても、銀行は劣勢となりやすい。

## LINEが描く「金融のリデザイン（再設計）」構想

LINEは、今の金融サービス全体をより利便性の高いものへと劇的に変えていく「金融のリデザイン」構想を描いている。決済革命を起こすと豪語しているが、実はそれは入り口でしかない。将来的には融資、資産運用、保険など、さらなる金融ビジネスへの進出を視野に入れているのだ。これは、リブラも同じであろう。

またLINEは、ブロックチェーン技術を使って独自の「経済圏」を作る構想も示している。LINEの利用者が、各種のサービスにコメントを書き込む、写真を投稿するなどコンテンツの拡充に貢献した際には、独自の仮想通貨を付与するという仕組みだという。獲得した通貨で利用者は、各種サービスや商品の代金を支払うことができる。

このように、日本でLINEが既存の金融サービスを次々と切り崩していけば、金融業界とりわけ銀行のビジネスはいわば中抜きされ、収益源はどんどん狭められていってしまうだろう。

さらに、利用者には銀行の預金決済サービスを受けていることが次第に意識されなくなるという、いわば銀行の土管化も着実に進んでいくだろう。その過程では、銀行自体の社会的なプレゼンス（存在感）さえも大きく低下していってしまうかもしれない。

## データ独占で差別的な価格設定も可能に

安価で利便性の高いサービスが市場を独占していくという問題は、プラットフォーマーに限られたものではない。

プラットフォーマーによってのみ引き起こされるリスクについて、さらに考えを進めてみると、それは、プラットフォーマーの高い技術力とネットワーク効果から生じる、データの独占的利用であることが分かる。プラットフォーマーは、大量のデータをほぼゼロのコストで手に入れることができるのである。

データを独占すると、プラットフォーマーはユーザーごとに個別の価格設定をすることを通じて特別な利潤を得ることができる。これは、第3章でみたプラットフォーマーによる消費者余剰の大幅削減の問題である。

例えば、ＳＮＳでの投稿、ネット閲覧・検索、電子商取引の履歴などのプラットフォーム上でのネット・サービスをユーザーに提供することを通じて得られた個人データから、ＡＩが、個々人がぎりぎり支払っても良いと考える金融商品の価格、借入金利、保険料などを自動的に割り出すと、それらを別々に提示することで、高い利益を得ることができる。

これは、経済学的には、消費者余剰が大幅に縮小し、逆に生産者余剰が大幅に拡大した状態である。消費者からプラットフォーマーへの所得移転という、大きな分配の変化を生じさせるのである。

このような状況になると、リスクの高い人が保険に加入しようとした場合、極めて高い保険料の支払いを求められることになるだろう。また、保険市場から排除されてしまうといった社会厚生上の大きな問題も生じ得る。

さらに深刻な問題は、データを独占するプラットフォーマーがターゲット広告などのネット情報などを通じて、金融活動に関するユーザーの嗜好自体を、本人がそれと気が付かないうちにコントロールし、それを通じて大きな利益を得ることも可能となってしまうということだ。

section
4-5

# プラットフォーマーと銀行の将来、3つのシナリオ

## 第1シナリオ：デジタル通貨発行企業と銀行が共存

ここまで見てきたように、データの利活用などを通じて既存の金融機関に対して容易に優位に立ち、市場を独占することが可能な大手プラットフォーマーが、金融業界に本格的に参入した場合、現在の金融機関はいったいどうなってしまうのだろうか？

本節では、リブラを念頭に置き、プラットフォーマーが発行するデジタル通貨、また、デジタル通貨発行を起点にして、プラットフォーマーが貸出業務など多くの金融サービスを提供していく場合に、それが現在の銀行制度をどのように変えていくか、その結果、プラットフォーマーと銀行とがどのような関係を築いていくかについて、ＩＭＦ（国際通貨基金）が示している3つのシナリオ〔＊12〕に基づいて検討をしてみたい。

第1のシナリオは、デジタル通貨と銀行とが共存する、というものだ。これが、近い将来で

は最も起こりやすいシナリオだろう。銀行には既に固定顧客がある。彼らに対して、銀行預金以外の金融商品サービスを組み合わせて提供することによって、プラットフォーマーが作ったデジタル通貨に対して優位を維持することも当面は可能だろう。

例えば、資金不足に直面する顧客に対しては、当座預金の残高を超えて振り出された手形などの決済不足資金を、銀行が一定の貸越限度額まで立替支払を行う「当座貸越」を提供し、またクレジット・ライン、いわゆる信用与信枠（取引限度額）を設定することもできる。

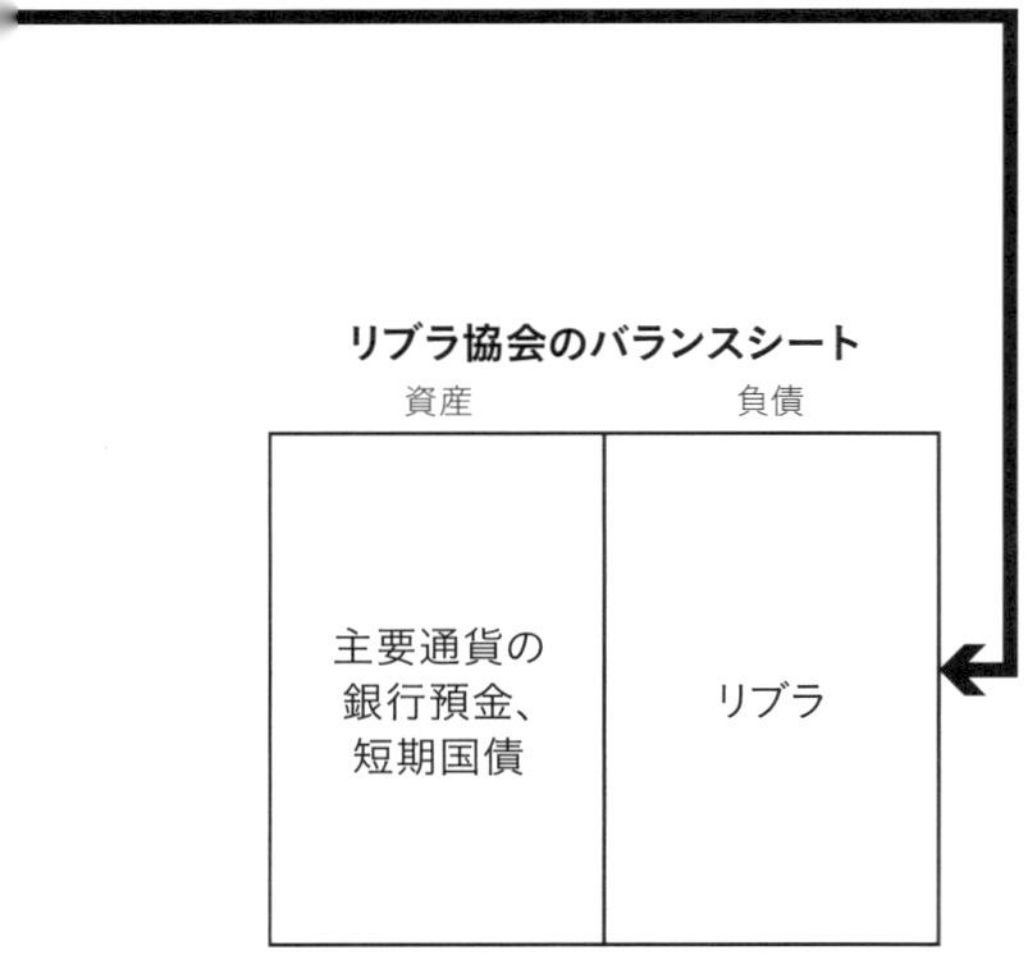

**図表 4-3 ● リブラが現金と銀行預金を代替すると**

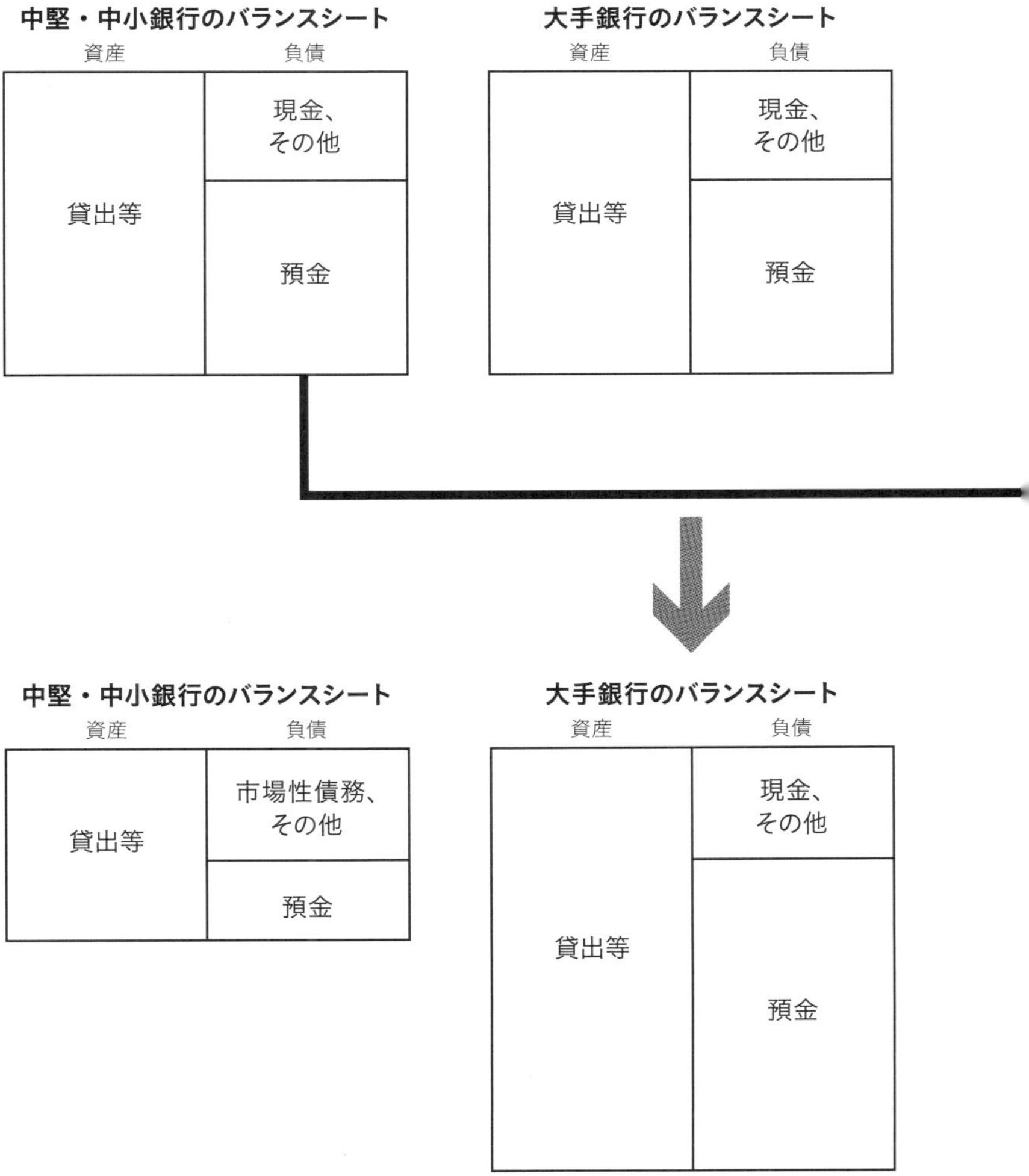


出所：野村総合研究所

## 中小銀行では大量の預金流出も

プラットフォーマーが発行するリブラなどのデジタル通貨が、個人の銀行預金を代替する、つまり個人が様々な支払いにデジタル通貨を使うようになり、銀行間決済の必要性が低下する場合、個人は銀行預金を減らして、デジタル通貨を購入するようになるだろう。

しかし、デジタル通貨を発行・運営するプラットフォーマー、リブラの場合ではリブラ協会は、デジタル通貨の代金として受け取った資金の多くを、銀行預金として保有することになる。そのため、個人の小口銀行預金は減っても、減少した預金は、デジタル通貨を発行する企業の大口銀行預金として銀行システムへ再び戻り、銀行預金残高は全体としては大きく減らずに、銀行預金・貸出機能は顕著には低下しないことになる。結果、デジタル通貨と銀行は共存できるのである。

ただし、こうした形で銀行預金が戻ってきても、銀行によっては好ましくない影響は残ってしまう。その第1は、個人の小口預金が企業の大口預金に代わることになるが、大口預金の方が預金金利は高くなり、銀行にとっての利払い負担が増加してしまうこと、第2は銀行は個人顧客との関係を無くしてしまうこと、第3に顧客の取引履歴に関わるデータを多く入手できなくなることなどが考えられる。

また、銀行預金の総額には変化はないとしても、デジタル通貨を発行する企業の預金は、特定の大手銀行に集中しやすくなる。つまり、預金のシフトと預金の偏在が生じ、その結果、多くの中小銀行は銀行預金残高を減らすことになり、貸出業務に大きな支障が生じる。経営不安に陥る中小銀行が出てくる可能性もあるだろう（**図表4−3**）。

## 預金減少に対する銀行の3つの対抗策

このように、デジタル通貨の利用拡大によって銀行預金の減少に直面する銀行には、3つの対応策が考えられる。

第1は、預金金利を引上げることで、預金流出を食い止めることだ。しかし、その分、銀行の利鞘は縮小するため、収益維持のためには、銀行は貸出金利も引上げる必要が出てくる。その場合、資金の借り手には追加の負担となり、それによる貸出需要の減少が実体経済に悪影響を及ぼす可能性も出てこよう。

第2は、デジタル通貨に対抗して、銀行がより便利な支払い手段を新たに提供することだ。例えば、銀行口座から即時引き落としされるデビットカードによる支払いでも、イノベーションは既に起こっている。それは、読み取り機にかざすだけで決済が終わる非接触型カードであり、また、スマートフォンにデビットカードを取り込むことで、スマートフォンで決済が完了できるようなものだ。

こうしたイノベーションは既に導入されているため、銀行預金がデジタル通貨に利便性で一方的に劣ることにはならず、結果としてデジタル通貨と銀行はなんとか共存できるだろう。

さらに銀行には、中央銀行の決済システムを利用できるという大きな優位性がある。欧州ではECB（欧州中央銀行）のTARGET、日本では日本銀行の日銀ネットによって、銀行間の決済が迅速にかつ安価で完了できるからだ。

しかし、これらのサービスはデジタル通貨に対抗できるほど利便性が高いとまでは言い切れない。もし対抗できなければ、デジタル通貨に預金を大きく奪われる銀行が少なからず出てくるだろう。

その結果、銀行は預金減少が引き起こす危機への対応を迫られる可能性がある。中央銀行による流動性供給の受け入れ、つまり中央銀行に助けてもらうことも考えられるが、それは一時的な対応に過ぎない。

より持続性のある対応としては、債券や株式の発行を通じて資金を確保し、それによって貸出を維持することになるだろう。しかしその場合でも、個人預金と比べて資金調達コストがかなり高まることで銀行は貸出金利を引上げざるを得ず、それが銀行の競争力を低下させ、経済活動に悪影響を与える可能性はあるだろう。

このように、リブラなど、プラットフォーマーの発行するデジタル通貨によって中小銀行の預金が減少することは、銀行サービスの利用者の利便性を低下させると共に、経済活動を抑制してしまう可能性もあるのだ。

## 第２シナリオ：デジタル通貨発行企業と銀行が補完関係

第２のシナリオは、デジタル通貨を発行するプラットフォーマー企業と銀行が補完関係、協力関係となることだ。これは、既に一部の低所得国、新興国で見られる現象である。デジタル通貨を発行する企業は、支払い手段にとどまらず、銀行が提供する貸出、資産運用、会計サービス、ファイナンシャル・アドバイス・サービスに顧客を誘い入れるために、新たなテクノロジーを導入して銀行を助けている。ケニアでは、２００８年以降にデジタル通貨が広まると共に、それと並行して、銀行貸出も顕著に増加したのである。

先進国でも、デジタル通貨発行企業と銀行との間に協力関係は見られる。デジタル通貨の発行企業は、顧客データを分析して顧客の信用力を判断し、それを銀行に販売することで、銀行の貸出業務を助けている。

## 第3シナリオ：デジタル通貨発行企業が銀行にとって代わる

近い将来で考えれば、これは最も可能性の低いシナリオだが、デジタル通貨を発行するプラットフォーマーがかなりの部分、銀行にとって代わり、銀行サービスを顧客に提供するようになるというシナリオもあり得よう。これが第3のシナリオだ。この場合、銀行預金の多くはデジタル通貨にとって代わられるため、市場からの資金調達を強いられる銀行が多く出てくる。

加えて、貸出業務でもデジタル通貨の発行企業が提供するトランザクション・レンディング（顧客の日々の取引履歴から、AIなどが自動で信用力、融資条件などを判断する貸出サービス）、ソーシャル・レンディング（資金の貸し手と借り手をネット上で結びつける貸出サービス）などが広がるため、銀行の貸出業務が大きく縮小していく。

個人が持つ銀行預金は、現金と同様に決済目的で保有している部分と、運用目的で保有している部分とに分かれる。このシナリオでは、前者は、デジタル通貨にほぼとって代わられてしまうことになる。そして、決済目的で利用されなくなった銀行預金からも、個人は、投資信託などより運用利回りが高い商品へと資金を移していくだろう。

そして、預金という資金調達手段を失った銀行は、市場での資金調達を強いられるだろう。ただし、貸出業務もデジタル通貨発行企業に奪われていくため、銀行のバランスシートは、現在と比べて大幅に縮小し、銀行のプレゼンスも大きく低下することが避けられない。

デジタル通貨を発行するプラットフォーマーが銀行にとって代わる状況が定常状態に至れば、預金と貸出を大幅に失った銀行が取り付け騒ぎ（バンク・ラン）に見舞われるリスクは次第に低下する。この際には、銀行システムの安定性は以前よりも高まると言えるかもしれない。また個人は銀行預金から投資信託などリスク性商品へと資産を移すことになるため、「貯蓄から投資」への流れが加速することが、経済的にはプラスの効果をもたらす可能性も考えられるところだ。

ところがこの場合、預金保険制度で一部保証される銀行預金と比べると、個人の金融資産がより大きなリスクに晒されるという新たな問題も生じる。

さらに、銀行が、長年の取引関係や企業の技術力、成長力の独自の判断、いわゆる目利きに基づいて、企業向けに貸出を増加させるという「信用創造機能」は大きく低下することになるだろう。これが、経済の活力を削いでしまうことも大いに懸念されるところだ。

このように、近い将来、デジタル通貨を発行するプラットフォーマーが銀行にとって代わる状況に至れば、プラスの側面以上に多くのリスクが懸念される、まさに未知の世界となるのである。

section

4-6

# 銀行と共存するために必要な規制とは

## 適切な規制が鍵に

前節で示した3つのシナリオでは、既存の銀行とプラットフォーマーとが競合しつつも共存する、あるいは補完関係に至るという第1及び第2のシナリオとなることが、望ましいと思われる。プラットフォーマーが既存の銀行を駆逐し、銀行業を席巻した場合には、その後、独占の弊害として新たな不利益がユーザーにもたらされ、経済活動にも悪影響が及んでしまう可能性があるからだ。

他方で、既に見てきたようなプラットフォーマーが持っている優れたイノベーションが金融業に導入されれば、金融包摂を促し、魅力ある高い質のサービスをユーザーに提供することになる。その点から、プラットフォーマーの金融業への参入を単に阻止することは、決して人々の利益とはならない。

そこで、大手プラットフォーマーの金融業への本格参入が、人々に多くの利益をもたらすようにするには、適切な規制の体制をまずしっかりと整えて、それを適用することが重要となる。

## プラットフォーマーへの規制をどう考えるのか

では、金融業に参入する大手プラットフォーマーをどのように規制すべきか。

伝統的な金融規制の目的は、個々の金融機関の破綻を防ぎ、公的な役割を担っている金融システムの安定を維持することにある。それに消費者保護も加わる。

銀行の場合、こうした目的を達成するための具体的な規制の手段としては、資本規制、流動性規制、消費者保護のための行動規則などがある。仮に、プラットフォーマーによる金融サービスへの参入が、こうした伝統的な金融規制の枠組みの中で適切に対応できるのであれば、彼らに同様の規制を適用すれば良いだけの話である。

金融システムの安定は、公共の利益に供するものだ。ゆえに、銀行は長らく他の業種以上に強い規制の対象となってきた。銀行の業務には強い制限が加えられ、また新規参入には厳しい条件に基づく免許の取得が求められる。

新たに銀行業に参入するプラットフォーマーには、銀行と同様の規制が適用されることで、規制アービトラージが生じないようにすることがまず必要だと、金融当局は認識している。規制逃れで、銀行の顧客がより規制の緩いプラットフォーマーへと逃げることを防ぐ必要があるということだ。

マネーロンダリング（資金洗浄）やその他の犯罪を防ぐために、銀行に顧客の身元確認をしっかりと行う「KYC（Know Your Customer）ルール」がプラットフォーマーにも適用されるべきだ。原則は同一業務同一規制（same activity, same regulation）である。

現時点でのリブラに対する規制の議論は、このように、既存の銀行に対する厳しい規制を、プラットフォーマーに対しても同じく適用するということに集中しているように見受けられる。しかし、今まで見てきたように、プラットフォーマーは、その得意とするデータの利活用を通じ、さらに、ネットワーク効果に助けられて、独占状態をいとも簡単に作り出すことができるのである。このデータの収集、利活用という側面は、従来の金融規制ではほとんど考慮されてこなかった、まさに未知の領域である。

プラットフォーマーが既存の金融機関と共存、あるいは協力関係を維持し、その下で、プラットフォーマーの持つイノベーションによって、金融包摂が促され、金融サービスの利便性が高められるようにするには、現在ある金融規制とは異なる、プラットフォーマーのための新たな規制の枠組みの導入がどうしても必要になる。

そうした規制を新たに作り上げるには、金融当局のみならず、競争政策を担う規制当局などとの強い連携も欠かせないだろう。こうした点については、第7章で改めて検討しよう。

＊10 "Big tech in finance: opportunities and risks", *BIS Annual Economic Report 2019*, June 23, 2019

＊11 "Big tech in finance: opportunities and risks", *BIS Annual Economic Report 2019*, June 23, 2019

＊12 Tobias Adrian & Tommaso Mancini-Griffoli, "The Rise of Digital Money", *IMF*, July 15, 2019

# 第5章

# 中央銀行と国家に挑戦するリブラ

section

5-1

# リブラは中央銀行から利益を奪い取る

## 現金が減ることで困るのは誰か

第4章で見てきたように、リブラなどプラットフォーマーが発行するデジタル通貨は、銀行預金を代替することで民間銀行、とりわけ中小銀行の経営に大きな打撃を与える可能性がある。リブラを運営するリブラ協会の創設メンバー（フェイスブックの子会社カリブラ社を含む）には、民間銀行は含まれていない。民間銀行がリブラを自らの決済業務を侵食していく、いわば将来の敵と見なしているからであろう。

しかし、金利が付かないリブラによって代替されやすいのは、民間銀行が提供する金利が付く銀行預金よりも、まずは中央銀行が発行する金利が付かない現金だろう。

中央銀行は、現金という利払い負担が発生しない債務と引き換えに、民間銀行から国債などを買い取り、利子所得を稼いでいる。これをシニョレッジ（通貨発行益）という。リブラによって現金発行が減っていけば、この利子所得も減ってしまい、中央銀行の業務に大きな支障が生じる可能性がある。

　この点から、リブラは民間銀行のみならず、いや、民間銀行以上に中央銀行にとって大きな脅威なのである。やや結論を急いだが、その仕組みを説明しよう。

## シニョレッジとは何か

　シニョレッジとは、いったい何であろうか。かつては、シニョレッジとは、政府が硬貨を鋳造し発行することから得られる利益を意味していた。それは硬貨の材料費、鋳造費と硬貨の額面との差である。

　しかし、現代では、シニョレッジとは中央銀行が中銀当座預金及び現金というマネーを供給、発行することから得られる利子所得のことを指すようになった。

　中央銀行は民間銀行から国債などの金融資産を買入れ、その代金を民間銀行が持つ中銀当座預金に振り込む。あるいは中央銀行が民間銀行に資金を貸出す場合にも、それを同じく中銀当座預金に振り込む。他方、民間銀行は必要な現金を、この中銀当座預金を取り崩すことで手当てをする。それによって、初めて中央銀行が現金を発行することになるのである。

　この場合、中央銀行のバランスシートの資産側には国債など金融資産、負債側には中銀当座

**図表 5-1 ● リブラが現金を代替すると**

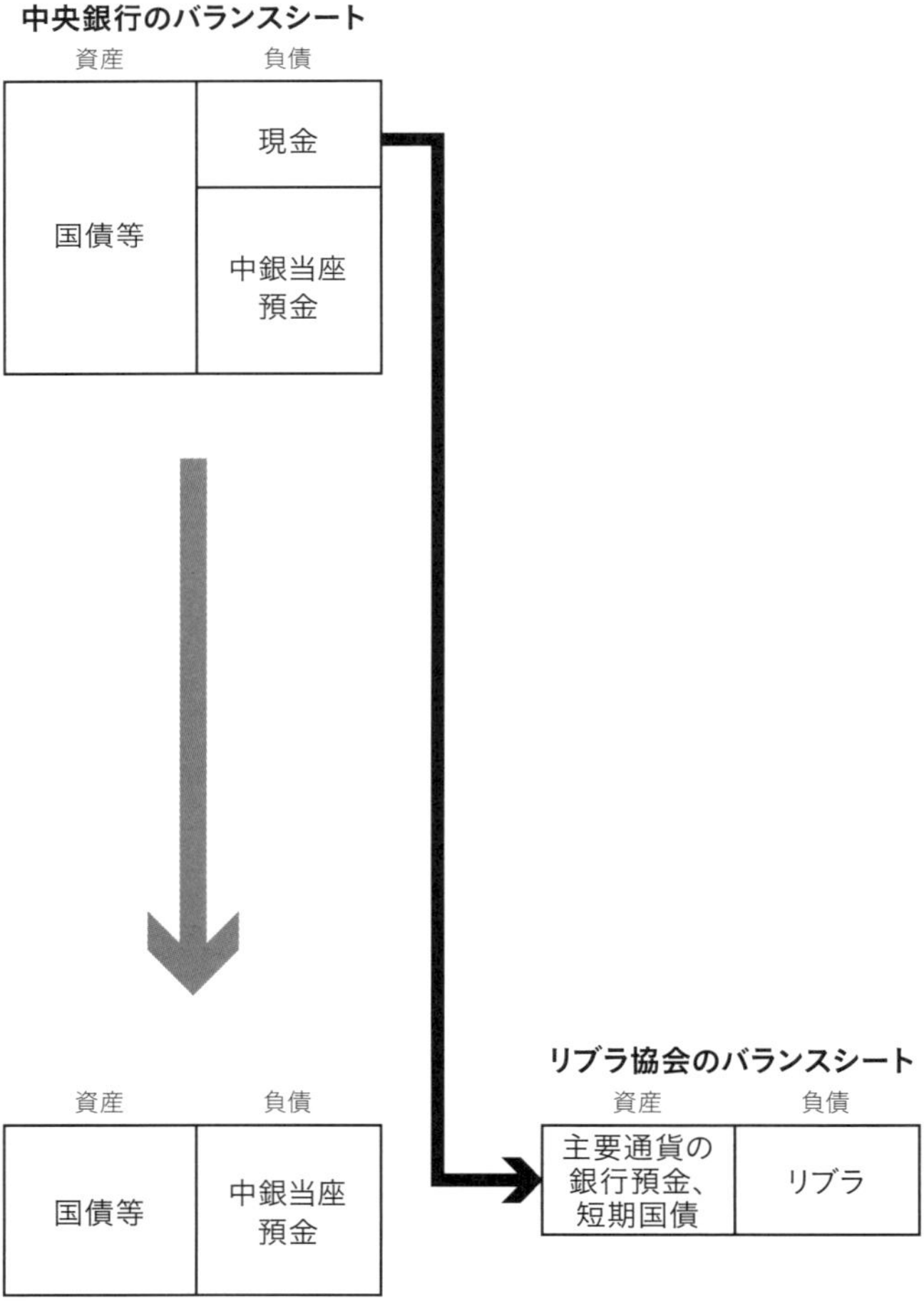


出所：野村総合研究所

預金と現金が計上される。中銀当座預金のうち、民間の銀行預金の一定比率を保有することが義務付けられる所要準備（支払い準備として中銀当座預金に積んでおくことが法律で求められる銀行預金の一定比率分）を上回る部分の超過準備に対しては、中央銀行が金利を支払うのが普通だ。他方、現金には金利が付かない。

中央銀行の資産側にある国債などから得られる利子所得と負債側の超過準備に対する利子支払いの差、ネット（純）利子所得が、シニョレッジとなる。民間銀行が中銀当座預金を取り崩して現金を多く手当てするほど、中央銀行が発行するマネタリーベース、つまり中銀当座預金と現金の合計の中で、利子が付かない現金の占める比率が高くなる。その分、中央銀行の利払い負担は軽くなっていき、シニョレッジは増加することになるのである。

しかし、仮にリブラなど民間が発行するデジタル通貨の利用が広がって現金が利用されなくなると、その分、中央銀行の利払い負担は重くなり、シニョレッジは減少してしまう（**図表5－1**）。

ちなみに、中央銀行自らが中銀デジタル通貨を発行する場合には、それが現金にとって代わっても、こうした問題は生じにくくなる。この点については、後の中銀デジタル通貨の議論の中で説明しよう。

## シニョレッジが中央銀行からリブラ協会に移る

第1章で試算結果を示したが、リブラの利用が拡大していけば、リブラ協会にはリブラ・リザーブの巨額の運用益が入ることになる。実はこのことは、現金がリブラにとって代わられることで、シニョレッジが中央銀行からリブラ協会へと移ることを意味しているのである。

これが、中央銀行にとって大きな打撃となるのは、中央銀行の業務は、このシニョレッジによって支えられているからに他ならない。公的部門の中央銀行の業務は財政資金によって賄われていると考える向きも少なくないかもしれないが、それは誤りだ。中央銀行は通常、政府から資金を得ていないのである。この点は、実は、中央銀行の政治からの独立を支える要因の一つともなっている。

シニョレッジが大幅に減少すれば、中央銀行の職員給与も支払われなくなり、業務は滞ってしまう可能性が生じる。また、中央銀行の収益が悪化して、局面によっては赤字化や自己資本の毀損などの問題が生じ、中央銀行の財務の健全性を損ねてしまう危険性もあるだろう。それを受けて、政府が中央銀行に公的資金を注入するような事態にまで発展すれば、中央銀行の独立性は大きく低下してしまいかねない。

個人は支払い手段として現金を利用しても、リブラを利用しても、利子が付かないという点では同じだ。しかし、多くの人々が現金を利用する場合、そこから得られる中央銀行のシニョレッジは、中央銀行の必要経費を除いて、その大半は国庫納付金として政府の歳入となる。つまり、再び社会に還元される。

ところが、リブラ協会はリブラの運用に必要な経費を除いた運用益を協会のメンバーに分配する。つまり、社会には還元されないのである。通貨という同じ社会インフラを担う存在といっても、中央銀行とリブラ協会との間には、このように大きな違いがあることを知っておいてほしい。

section

# 5-2 リブラは金融政策を殺してしまうか

## 金融政策の効果は民間銀行を通じて波及

中央銀行にとってリブラの存在が大きな脅威であるのは、このように、シニョレッジが減少することで業務が滞り、また、財務体質がぜい弱になってしまうことにとどまらない。リブラが金融政策の効果を大きく減じてしまう可能性があるという点もまた、大きな脅威だ。

中央銀行の金融政策は、民間銀行の行動の変化を通じて経済全体へと波及していくというのが、伝統的な政策の波及経路だ。

中央銀行が中銀当座預金の量を調整することで、民間銀行の資金需給のバランスに影響を与える。それによって、銀行間で資金を貸し借りする際の短期金利（日本ではコールレート）の水準が変動することになる。中央銀行が民間銀行に資金を供給し、銀行間市場で金余り傾向が強まると、銀行間金利が低下する。これが、金融緩和のために中央銀行が行う金融調節機能の波及効果だ。

銀行間市場で主に資金を調達するタイプの銀行にとっては、資金調達コストが低下するため、その分、貸出金利を引き下げて貸出を増やすことが可能となる。また、こうした緩和的な金融調節を中央銀行が実施すると、所要準備を超えた超過準備が中銀当座預金に生じる。つまり余剰資金である。銀行は、この分を貸出の増加に積極的に回すことができる。

企業や個人にとっては、このように銀行が貸出金利を下げると、より低い金利で資金を借りることができるため、借入を拡大して設備投資や消費などが増加する。また、銀行が貸出姿勢を積極化させることで、より資金が借り入れやすくなるという面もある。

一方、銀行間市場で主に資金を供給するタイプの銀行にとっては、こうした金融緩和策によって銀行間金利が低下すると、余剰資金の運用利回りが低下して、その分、利益が減ってしまう。そこで、利益の減少幅を抑えるために、銀行預金の金利を引き下げる誘因が生じるのである。預金金利が低下すると、企業や個人にとっては、預金で資金を運用することの魅力が低下して、金融資産を設備投資や消費などに回すようになる。

以上が、中央銀行による金融緩和策が、経済活動を活発化させる基本的なメカニズムとなる。

## 金融政策の効果を低下させるリブラ

リブラの利用が拡大して現金を代替することにとどまらず、銀行預金も代替していく場合には、今説明した金融政策の効果を大きく損ねてしまう可能性が生じる。第4章でも少し触れたが、リブラの利用拡大と銀行預金との関係を、ここで再度確認しておこう。

リブラ協会は、リブラの発行時に受け取る資金を、リブラ・リザーブとして主要通貨からなる銀行預金と短期国債で運用する計画だ。個人が銀行預金を取り崩してリブラを購入した場合、その資金はリブラ・リザーブの中の銀行預金に振り替わる。短期国債での運用部分の割合が比較的小さいとすれば、個人が銀行預金をリブラに替えても、銀行預金の総額は大きくは減らないことになる。

ところが、リブラ・リザーブの中の銀行預金は、地理的に分散された大手銀行の預金となる可能性が高い。世界中の多くの中堅・中小銀行から、主要国の大手銀行へと預金が大量にシフトするという構図になるのだろう。その場合、多くの中堅・中小銀行では銀行預金が流出し、貸出原資の減少に直面する銀行は、貸出規模を縮小せざるを得なくなるだろう。

企業や個人の銀行借入に占める中堅・中小銀行の比率が高いことを踏まえると、その際、企業や個人の資金調達に占める銀行借入の比率が大きく低下することになる。こうして、リブラの利用拡大は、銀行の預金金利、貸出金利、貸出姿勢の変化を通じて経済活動に影響を与えるという中央銀行の金融政策の効果を低下させてしまうことを意味するのである。

## リブラは銀行システムを不安定に

さらに、リブラは銀行システムを不安定にしてしまう可能性も考えられる。リブラの利用が広がった状況を想定すると、ある銀行の経営に不安が生じた場合、顧客はその銀行に預金している資金をリブラへと一気に移すだろう。もちろん、他の安全な銀行に預金を移し替えることも考えられるが、その可能性は必ずしも高くないだろう。他行に新たに口座を開設するには手間暇を要するが、預金からリブラに資金を移す、つまりチャージする場合にはその必要はなく、スマートフォン上の操作で瞬時に完了するからである。

銀行は預金のごく一部の金額を、支払い準備として中央銀行の中銀当座預金として保有しているに過ぎない。顧客から預金払い戻しの要求が強まれば、それに応じることができなくなり、銀行は破綻してしまう。

この点も、銀行システムの安定維持という責務を担っている中央銀行にとって大きな懸念材料であり、リブラに対して強い警戒心を持つ理由の一つなのである。

section
5-3

# リブラ計画が火をつけた中銀デジタル通貨発行の議論

## BIS（国際決済銀行）が中銀デジタル通貨に前向き姿勢に転じる

フェイスブックが新通貨・リブラの発行計画を公表したことをきっかけに、中銀デジタル通貨発行の議論が高まることになった。それは、中央銀行がリブラと競合するデジタル通貨を自ら発行することで、今まで述べてきたような様々な問題を克服、軽減できる可能性があるからに他ならない。これもまた見逃せない動きだ。

ＢＩＳのアグスティン・カルステンス総支配人は、２０１９年3月には「中銀デジタル通貨を作ることは急務ではなく、その技術は十分に試験されていないため、慎重に取り組むことを望む」「中央銀行も現在のところ、中銀デジタル通貨の発行という未知の領域に足を踏み入れるだけの価値を見出していない」と述べていた。

しかし、同年6月にリブラ計画が発表されるやいなや、フィナンシャル・タイムズのインタビューに答えて「想定しているよりも早く、我々は中銀デジタル通貨を作らなければならなくなるかもしれない」と述べ、中銀デジタル通貨発行に前向きな姿勢へと一気に転じたのである。それほどまでに、新通貨・リブラの衝撃は大きかったということだろう。

## 中銀デジタル通貨発行議論の背景に犯罪対策

カルステンス氏の方向転換が象徴するように、リブラの発行計画は、各国中央銀行が独自の中銀デジタル通貨発行を急ぐべきとの議論を急速に呼び起こしている。そこでまず、近年、中銀デジタル通貨発行の議論が高まった背景を確認しておきたい。主に以下の4つの点であった。

第1は、スウェーデンなど北欧諸国では、現金の利用が急速に低下する中、民間銀行が主導するスウィッシュ（Swish）と呼ばれるモバイル決済制度を利用できない人を救済するために、中央銀行が自ら中銀デジタル通貨を発行することが議論されている。これは、いわゆる金融排除（ファイナンシャル・エクスクルージョン）への対応である。

ちなみにスウェーデンの場合には、中央銀行が現金製造・輸送コストの削減の観点から、キャッシュレス推進策をとったことなどが、現金が大きく減少した大きなきっかけだった。

第2は、政府・中央銀行による情報管理強化の観点である。匿名性が高い現金決済の下では、脱税・避税行為が広まりやすい。また、現金決済は、マネーロンダリング（資金洗浄）などの犯罪にも利用されやすい。そこで、現金決済をデジタル決済に置き換え、さらにその運営を公的部門が担って取引情報を管理することで、こうした問題を解決できる。

中国の中央銀行である中国人民銀行が、中銀デジタル通貨の発行を当初検討した最大の理由はこの点にあったと考えられる。仮に、全ての人が中銀デジタル通貨の口座を中央銀行に保有する形となれば、全ての取引情報は中央銀行によって捕捉、管理されることになる。

現在では、リブラに対抗する目的で、中国人民銀行（中央銀行）は、中銀デジタル通貨の発行を急いでいる。実現すれば、主要国では初めての本格的な中銀デジタル通貨の発行となる。これについては、第6章で改めてその詳細を見ることにしよう。

## リブラは金融システムの安定にとって脅威

第3は、既に見たように、リブラのような民間デジタル通貨の利用拡大により中央銀行の業務に支障が生じる可能性への懸念である。とりわけ金融政策の有効性が低下する可能性が懸念された。

他方で、中央銀行自らが中銀デジタル通貨を発行し、そこに金利を付す場合には、その金利の水準を調整することで、金融政策の効果を高めることができる。マイナス金利政策の有効性を高めることも可能となるのである。

第4は、これも既に見たように、リブラのような民間デジタル通貨が銀行システムを不安定にするリスクへの対応だ。銀行経営不安などが生じた場合、利用者が預金を取り崩し、一気に民間デジタル通貨にシフトすれば、銀行破綻リスクが高まるような事態が生じ得る。

ところが、中銀デジタル通貨の場合には、中央銀行が銀行預金の金利と中銀デジタル通貨の金利とを調整することなどで、資金シフトをコントロールすることも一定程度は可能となる。

section

5-4

# 中銀デジタル通貨のプラス効果を考える

## シニョレッジの減少を回避

金融政策の効果を一層高める効果を持つ、との観点から、本節では中銀デジタル通貨発行の利点に関する議論を整理してみたい。

中銀デジタル通貨の発行が、中央銀行の一般業務や金融政策に与えるプラスの効果は、大きく4点考えられる。

第1に、既に見たように、中銀デジタル通貨が発行されていない状況で、リブラなど民間デジタル通貨が現金を代替していけば、中央銀行のシニョレッジが減少し、金融政策を含む全ての業務に支障が生じる可能性があるが、中銀デジタル通貨を発行し、それが現金にとって代わる場合には、中銀デジタル通貨に金利を付けることで中央銀行のシニョレッジ減少は避けられる。

## マイナス金利政策の有効性を高める

第2に、中央デジタル通貨の発行は、マイナス金利政策の有効性を高めることができる、としばしば指摘されている。ハーバード大学教授のケネス・ロゴフ教授は、犯罪防止という観点に加えて、実効性の高いマイナス金利政策を導入するという目的から、漸進的に現金を廃止していくことを主張している。ロゴフ教授は、紙幣の廃止は、中央銀行が金利の非負制約（金利がマイナスにならないこと）を逃れてマイナス金利政策を導入するのに、間違いなく、最も簡単で、最もエレガントな手法であると説く。

日本銀行やＥＣＢ（欧州中央銀行）、スイス、デンマークなど欧州諸国の中央銀行は、マイナス金利政策を既に採用している。マイナス金利政策とは、中銀当座預金の中の超過準備（の一部）に付ける金利をマイナスにする政策のことだ。

マイナス金利政策を採用する際に、その大きな障害となるのが、金利が付かない現金の存在である。民間銀行は、マイナス金利が適用される超過準備を取り崩してゼロ金利である現金で保有すれば、利益を悪化させるマイナス金利の適用を回避することができるからだ。

この場合には、銀行のバランスシートの資産側では、マイナス金利が適用される中銀当座預金を取り崩し金利の付かない現金で保有することで、マイナス金利政策導入による銀行の収益悪化を緩和することができる。そのため、銀行が預金金利を引下げて収益悪化を回避するといった必要性は低下して、結局、消費活動など経済に与えるマイナス金利政策のプラスの効果が削がれてしまうのである。

実際には、銀行が新たに巨大な金庫を用意し、マイナス金利が適用される超過準備を取り崩して、中央銀行から大量に現金を輸送して貯蔵するには追加的なコストがかかる。そのため、小幅なマイナス金利の政策の下では、こうしたことは生じない。現に、小幅なマイナス金利政策が導入されている日本や欧州では、銀行が大量に超過準備を取り崩して現金で保有するといったことは起こっていない。

しかし、マイナス金利の幅がより大きくなり、銀行にとっての損失が現金保有のコストより大きくなれば、そうしたことは起こり得る。また、マイナス金利政策が長期化する見通しが高まった場合も、同じような現象が生じる可能性が高まる。そうした事態となれば、マイナス金利政策の効果は削がれることになる。

そのため、日本銀行の場合は、銀行が現金を大量に保有した場合には、その分をマイナス金利が適用される政策金利残高を増加させるというペナルティーを科すことで、現金保有の増加を牽制している。

マイナス金利政策を受けて、銀行が預金金利をマイナスにすることで収益の悪化を回避しようとした場合、預金者には預金を取り崩して現金で保有する傾向が強まるだろう。家庭用金庫を購入する、あるいは銀行の貸金庫を利用するなどの現金の貯蔵コストは比較的小さいからだ。その結果、マイナス金利政策の効果はやはり削がれてしまう。

しかし、中央銀行が自らデジタル通貨を発行し、それが現金に代替えされていけば状況は変わる。中銀デジタル通貨にマイナスの金利を付けることができるため、デジタル通貨がない場合に想定される現金シフトは生じず、マイナス金利政策の効果が削がれることはなくなるからだ。

ロゴフ教授は、現金通貨を廃止しないで有効なマイナス金利政策を導入することを可能にする代替策の一つとして、紙幣の価値を一定のペースで減価させるゲゼル紙幣の採用をあげている。ゲゼル紙幣のアイデアとは、毎週0・1％ずつ（年率5・2％）価値が低下し、それが紙幣保有者の負担となるように設計されたものだ。別途販売するスタンプ（切手）を紙幣に張り付けることで、その額面は維持される。紙幣を保有し続ければ、その価値は低下を続け、それを利用する際に保有者の負担が高まるという仕組みである。このため、保有者はその紙幣をできるだけ早く使おうとし、消費が刺激されるのである。

しかしロゴフ教授は、技術進歩が進んだ現代では、このような手間のかかる手段よりも、中銀デジタル通貨の発行によってマイナス金利政策の有効性を高める方がより現実的であるとしている。

## 中央銀行の金利政策の効果を高める

中銀デジタル通貨の発行が金融政策に与えるプラスの効果の第3は、マイナス金利政策に限らず、中央銀行が中銀デジタル通貨に金利を付け、その金利を操作することで、直接的に企業や個人の経済活動に影響を与えることができるという点だ。

既に見たように、伝統的な金融政策の効果は、中央銀行がその政策手段を用いて、銀行の資金調達コストや貸出原資となる資金の調達の容易さを調整することを通じて、銀行の貸出行動等に変化を与えることで、社会に波及していくものだ。

しかし、中銀デジタル通貨を発行すれば、その金利を変動させることで、企業や個人の経済活動に直接影響を与えることが可能となる。

そして第4に、中銀デジタル通貨が民間銀行の預金を完全に代替してしまうようなケースを考えてみると、銀行にとって貸出原資となるのは、市場からの調達を除けば、中銀当座預金のみとなる。その貸出原資を、中央銀行がオペレーションを通じて思いのままに増減させることができるため、銀行の貸出行動を、量の面からより強くコントロールして、政策効果を高めることが可能となるのだ。

section
5-5

# 中銀デジタル通貨の問題点を考える

## 中銀デジタル通貨には2つのタイプが存在する

このように、中央銀行は中銀デジタル通貨の発行を通じて、リブラなど民間デジタル通貨が生じさせる様々な問題を軽減することが可能となる。しかし他方で、新たな問題点もまた生んでしまう。

中銀デジタル通貨の問題点は、その形態によって異なる。そこで最初に、中銀デジタル通貨の2つのタイプを確認しておきたい。

第1は、個人や企業が民間銀行から中銀デジタル通貨を入手するタイプだ。個人や企業は民間銀行に中銀デジタル通貨口座を開設し、同じ銀行の預金口座から中銀デジタル通貨口座に資金を振り替えることで、中銀デジタル通貨を入手する。

この場合、民間銀行は中銀当座預金を取り崩す形で、中央銀行から中銀デジタル通貨を入手し保有しておく。そして顧客のニーズに応じて顧客の預金口座から中銀デジタル通貨口座に資金（中銀デジタル通貨）を移すのである。これは、民間銀行は中銀当座預金を取り崩す形で中央銀行から現金を入手し、顧客はATMあるいは銀行窓口で、自身の銀行預金口座から現金を引き出すという、現在の現金流通の仕組みと同じである。

第2は、全ての個人、企業が中央銀行にデジタル通貨の口座を持ち、そこを通じて取引決済を行うというものである。このケースでは、銀行預金は中銀デジタル通貨に概ね代替されることになるのだろう。

第1のタイプでは、口座を持つ銀行の経営に対して不安が高まると、顧客は銀行預金をより安全な中銀デジタル通貨の口座へと一気に移そうとするだろう。これは、リブラなど民間デジタル通貨でも生じることは既に見たとおりだが、中銀デジタル通貨の方が、格段に信用力が高いことから、そのリスクはより高いという側面も実はある。第2のタイプの中銀デジタル通貨であれば、これは生じない。

## 中央銀行が取引履歴を全て把握する

他方、第2のタイプで大きな問題となるのは、個人や企業が中銀デジタル通貨を使って行う取引決済の履歴のデータは、全て中央銀行が入手することになる、ということだ。個人が現金、銀行預金、その他の決済手段から、中銀デジタル通貨を使った決済に完全に移行する場合には、全ての取引履歴を中央銀行が把握することになる。これはいわば超管理社会であり、また取引履歴の情報を税務当局と共有するか否か、といったかなり難しい問題も生じてしまう。

中銀デジタル通貨の発行は、その目的が決済のデジタル化の推進、つまりキャッシュレス化推進であれば、かなり有効な策と言えるだろう。第2章で見たように、経済の効率を高めることにも大いに貢献するだろう。

しかし、リブラのような支払い手段としてその利用が拡大する潜在力を持つ民間デジタル通貨と競合し、それを駆逐することを目的に中央銀行がデジタル通貨を発行することには、慎重であるべきだろう。それは、まさに民業圧迫であり、また、民間のイノベーションの芽を潰してしまうことにもなりかねないからだ。

section

5-6

# リブラと国家との闘い

## 国の通貨主権を脅かすリブラ

第1章で見たように、リブラはグローバル通貨を目指して設計されている。それに対して、今まで見てきたような中銀デジタル通貨は、各国の法定通貨で表示され、その利用は一国内にとどまるものだ。この点から、中銀デジタル通貨はリブラと完全に競合するものとはならず、また、駆逐することも実はできない。特に、海外送金のような場合では、迅速かつ低コストのリブラの方が圧倒的に優位となるだろう。

ただし、このように国境を簡単に飛び越えることができるグローバル通貨であるがゆえに生じる、深刻な問題もある。それは、リブラが各国の通貨主権を脅かし、国家との争いに繋がるリスクである。

第1章で確認したように、リブラがビットコインなどの仮想通貨と大きく異なるのは、価値を安定させることで支払い手段としての利用を促すため、主要な法定通貨のバスケットにその価値を連動させる設計となっていることだ。

その結果、リブラはいわば疑似外貨となる。各国当局にしてみれば、それが国内で広範に利用されること自体が通貨主権の侵害と映るだろう。

とりわけ、自国通貨の信用力が低い国では、自国の法定通貨がリブラに急速に取って代わられ、自国内で法定通貨が流通しなくなってしまう事態が簡単に作り出されてしまう。リブラという疑似外貨によって、国の重要な主権の一つである、通貨主権が大きく脅かされる事態となるのである。

各国の中央銀行はリブラをどう受け止めるのか（写真は日本銀行）
撮影：尾形文繁

## 国内銀行や金融政策に壊滅的な打撃

こうしたことは、自国の法定通貨がドルなどの信用力の高い外貨に事実上置き換えられていく、いわゆる「ドル化」という形で、現在でもしばしば起こっていることだ。

しかし、ドルなど外貨が非公式に、あるいは違法に国内で利用される場合とは異なり、法定通貨ではないリブラが国内で広範囲に、仮想通貨と同様に合法的に使用できるようになれば、そうしたプロセスがより急速に進みやすくなるはずだ。

加えて、スマートフォン上での簡単な手続きで完結することから、リブラが法定自国通貨を代替する動きは、より迅速に進んでしまうだろう。

さらに、自国法定通貨の信用力が低い国でリブラが普及すると、今まで述べたような現金及び銀行預金の代替が、とりわけ急速に進んでしまう。それは、国内銀行システムの安定にとって大きな打撃となるはずであり、最悪のケースでは銀行は消滅してしまうことになる。

また、個人が自国法定通貨を大量に売却してドルなどの主要外貨を手に入れ、それをリブラに交換することになれば、自国通貨の価値は大幅に下落する。そうした自国通貨の下落が通貨の信頼性を一段と低下させ、リブラへの資金シフトをさらに促すという、いわば悪循環も生じるのである。その過程で、輸入されるエネルギー関連品や食料品などの価格の高騰を招いて、国民生活に壊滅的な打撃を与えてしまう可能性もあるだろう。

こうした点を踏まえると、自国通貨の信用力の低い国では、自国法定通貨がリブラにとって代わられる事態を回避し、通貨主権と国民生活を守るためには、自国法定通貨とリブラの価格を決定する信用力の高い通貨バスケットとの交換レートを安定化させることが求められるようになる。そのため、金融政策もその目的に充てられるようになるだろう。それは、自国の経済政策の自主性が大きく制約を受けることを意味する。

このように、グローバル通貨として設計されるリブラは、各国の通貨主権、経済政策の主権をも大きく脅かしてしまう可能性を秘めている。この点からリブラは、単なるデジタル通貨の一つという枠を越えて、中央銀行と国家に挑戦する存在になってしまうと言えるだろう。

第6章

# リブラは米中通貨覇権戦争の引き金に

section 6-1

# 中国への対抗を意識したリブラ

## リブラ・リザーブの半分はドル

リブラの概要を示したホワイトペーパーでは、リブラの価値は主要通貨のバスケットで決まり、リブラ・リザーブは主要通貨の銀行預金と短期国債等からなる、としか説明されていなかった（第1章）。

恐らく、バスケットを構成する主要通貨とリブラ・リザーブを構成する主要通貨とは一致するのだろう。そうしないと、通貨の変動によって、リブラの総発行額に対して、リブラ・リザーブの総額が目減りして、リブラの信用が揺らいでしまう恐れがあるからだ。

ホワイトペーパー公表後に、フェイスブックの役員であるデビッド・マーカス氏は、リブラ・リザーブの「およそ50％がドル、そしてユーロ、英ポンド、円などが入る」とする一方、中国人民元は「入らない」と説明を加えた。

リブラやリブラ・リザーブは、IMF（国際通貨基金）が創設したSDR（特別引き出し権）がモデルになっていると考えられる。このSDRは、国際流動性の不足を補填することを目的とした準備資産であり、現在は、ドル、ユーロ、人民元、日本円、英ポンドの5通貨からなる。それぞれのウエイト（2015年基準）は、ドルが41・7％、ユーロが30・9％、人民元が10・9％、日本円が8・3％、英ポンドが8・1％である。

人民元を含まないリブラ・リザーブでは、SDRに占める人民元の構成比分だけドルの構成比が高くなって50％程度となる一方、ユーロ、日本円、英ポンドについては、SDRと同程度の構成比になることが想像できる。

## なぜ人民元が含まれないのか

ところで、人民元をリザーブに入れないことは、そもそものリブラの設計意図と深く関わっているのではないだろうか。中国では既に、アリペイやウィーチャットペイなど、プラットフォーマーによる決済サービス、デジタル通貨が支配的となっている一方で、国外での利用は現時点では限られている。リブラが目指しているのは、中国を除く地域でのグローバル通貨になることなのではないだろうか。

あるいは、中国の決済サービス、デジタル通貨の利用が中国国外にも大きく広がることを懸念して、先手を打つという狙いがリブラ構想にはあるのだろう。実際、リブラに強い懸念を示す米議会、当局に対してフェイスブック幹部は、明らかに中国を念頭に置いて、「リブラを作らなければ他の国が同様なものを作ってしまう」と危機感を煽っている。

2019年10月23日に下院金融サービス委員会で証言を行ったフェイスブックのマーク・ザッカーバーグCEOは、さらに踏み込んだ発言をしている。同氏は「中国は、一帯一路構想の一部となるデジタル人民元計画を、アジアやアフリカで影響力拡大に使おうとしている」と指摘し、リブラがデジタル人民元の拡大を防ぐ存在になるとの考えを示唆したのである。

この論点は、中国への強い対抗意識を持つ米政府や議会から、リブラへの支持を引き出すために有効な、いわば殺し文句となる可能性がある。リブラ計画の背後にも、米中間の通貨覇権争いが大きく影響しているのである。

仮に中国通信機器大手のファーウェイ（華為技術）が世界の5G（第5世代移動通信規格）の基地局などを席巻し、またその通信システムの上でアリババ、テンセントなどが提供する電子商取引やSNSなどのネット・サービスの利用が広がっていけば、中国がこうしたネット上のデータを海外から大量に集めることができる可能性もある。それは、中国のデータ（デジタル）覇権に道を開くことになり、米国政府が強く警戒するところだ。

## 中国が世界の取引履歴のデータを囲い込む可能性も

加えて、アリババ、テンセントが提供する決済プラットフォームであるアリペイ、ウィーチャットペイの利用が世界に広がれば、中国は取引履歴のデータを世界から大量に集めることが可能となる。

こうして集めた様々な種類の大量のデータを組み合わせて分析することで、付加価値の高いサービスをユーザーに提供することが可能となるだろう。それは、中国のプラットフォーマーが世界の市場を独占することを後押しするだろう。さらに、中国のスマートフォン決済の国外での利用拡大が、国外での人民元の利用拡大に弾みを付けることも考えられる。つまり、人民元の国際化を後押しするのである。

こうした事態は、中国に対する米国の経済的な優位、データ覇権、通貨覇権を揺るがし、また安全保障上の優位さえも揺るがしかねない事態へと至る可能性がある。米国にとってそれは、到底受け入れられることではない。

本章では、そうしたことを踏まえ、ネット・ビジネスから、データ覇権、通貨覇権に至る米中の対立の構図を概観してみよう。リブラ計画もそうした米中覇権争いという大きな時代の流れの中に、位置づけられるものなのである。

section

6-2

# 独自の進化を遂げる中国プラットフォーマー

## GAFAに対抗するBATH

ネット・サービスの分野では、米中を大きな対立軸とする、世界のダブル・スタンダード（二重標準）化が既に相当進んでいる。中国のネット・サービスは、他国とは全く異なる独自の進化を遂げてきたのである。

中国政府は当初、国内市場での外国ネット企業の活動を歓迎していた。しかし、2008年の北京五輪を機にネット上を含めた言論統制を強めていった中国指導部は、その過程で外国ネット企業の活動を規制するようになった。ネットを統制するには、外国のネット企業よりも中国のネット企業の方が容易だと考えたのであろう。

フェイスブックとツイッター、ユーチューブは2009年に中国国内での利用がブロックされ、グーグルは2010年に検索結果の検閲に否定的な態度を表明した後にブロックされた。

決済サービスでは、ペイパル、ビザなどもブロックされている。

外国のネット企業にとって代わったのは、当然、中国のネット企業である。検索市場はバイドゥがグーグルに代わって独占、電子商取引では、アリババが米競売大手のイーベイにとって代わった。決済サービスは、中国企業のアリペイとウィーチャットペイがほぼ独占状態にある。

こうして、ネット・ビジネスでは、米国のプラットフォーマーGAFA（グーグル、アップル、フェイスブック、アマゾン）と中国のプラットフォーマーBATH（バイドゥ、アリババ、テンセント、ファーウェイ）が世界を二分するような状況が出来上がっていったのである。リブラの登場で両者の対立は、金融分野にも広がろうとしているが、これについては後で述べたい。

中国のプラットフォーマー、アリババを創設したジャック・マー
撮影：尾形文繁

## 中国型モデルは海外では苦戦

中国国内ではほぼ独占状態にあるBATHも、ひとたび国外に出ると、明らかに苦戦を強いられている。調査会社センサー・タワーによると、テンセントの対話アプリであるウィーチャットは、2012年以降、アップルのアプリ配信・販売サイト「アップストア」を通じて、世界で約3億5000万回ダウンロードされた。しかし、このうち実に約83%が、中国のユーザーによるものだったという〔＊13〕。

中国のネット企業が国外市場で苦戦している背景には、これらの中国企業が中国共産党と結びついており、個人データがそこに流れているのではないかという疑念が、国外の利用者の間に根強いことがあるだろう。

一方で、中国企業のネット・サービスには、米国企業のサービスからは得ることができない、高い利便性がある。例えば、スマートフォン上の一つのアプリだけで、ネット・ショッピング、チャット、銀行口座管理、ネット閲覧・検索、決済、投信や保険商品の購入などが全てできてしまう。米国企業の提供するネット・サービスであれば、それぞれ別々のアプリを立ち上げる必要がある。

中国企業が提供する便利なネット・サービスに慣れた中国のユーザーは、仮に米国企業の提供するネット・サービスが利用可能となっても、中国企業のネット・サービスを利用し続けるだろう。

中国企業のネット・サービスの高い利便性は、個人データを大量にかつ効率よく収集し、分析するのに適したシステムと一体だと思われる。それが、プライバシー保護の観点からユーザーの不安を生じさせる側面がある一方、サービスの質を大きく高めている面もあるのだ。

## 中国型モデルの採用は世界に広まるか

このように、中国とそれ以外の国々との間で、世界のネット・サービスは既に二分された状態にある。中国型ネット・サービスのモデルには、個人データが政府に監視、管理されている可能性があるという問題点がある一方、それと引き換えにユーザーに高い利便性が与えられている。

さらに、大量のデータが集約・分析されることによって、医療、自動運転など多くの分野で、ユーザーが高い精度のサービスを受けることが可能となる。まもなく本格化する5Gの下では、データの収集、分析、利用は格段に広がり、その下で、いわば中央集権的な中国型モデルの優位性は、世界の中で一段と高まる可能性があるだろう。

その場合、世界は中国型モデルとそれ以外のモデルとの間での選択を迫られ、結果的に、中国型モデルを採用していく国が世界に広がっていくことも考えられる。

フェイスブックのグローバル政策・コミュニケーション部門のトップに就任した、元英副首相のニック・クレッグ氏は、２０１９年１月の講演で、次のような発言をしている〔＊14〕。「中国型のデータの大量収集・分析は、人の健康状態が良くなるといった大規模な改善につながる可能性がある。だが同様に、より邪悪な目的に使われる可能性もある」「プライバシーの優先課題と言論の自由、技術革新、規模のバランスを図り、適切に規制されたハイテク業界にするのか、あるいは創意工夫を優先してプライバシーや個人の権利の基本的保障の一部を無視するのか、という選択だ」。

section
6-3

# デジタル覇権の拡大を目論む中国

## デジタル・シルクロード構想

中国のネット通信の覇権と深く関わるのが、アジア、欧州、アフリカを結ぶ大経済圏を構築するとする一帯一路構想だ。中国は、港湾や道路などのインフラ整備で、こうした地域での勢力圏拡大を図るだけでなく、この一帯一路に中国の5G通信ネットワークを広げて、「デジタル・シルクロード」を作り上げることを構想している。

中国は、一帯一路の参加国に対して、まず、5G通信ネットワークを構築し、その後に、電子商取引などのネット・サービスで中国主導のデジタル経済圏を確立することを目指していると推察される。その場合、中国は、一帯一路の参加国からビッグデータを獲得することが可能になり、「デジタル覇権」を広げることができるだろう。

中国企業は、新興国の海底ケーブルにも積極的に出資している。それは、中国電信、中国聯合通信、中国移動通信の中国の通信大手3社だ。2016～2020年で3社が出資するケーブルの長さは13・8万㎞で、グーグル、フェイスブックに迫っている。そこでは、中国製の通信機器が導入され、中国のネットワークサービスを利用することが推奨される。また、2018年にアフリカと南米を初めて直結した海底ケーブル「SAIL（South Atlantic Inter Link）」には、中国聯合通信が出資している。これは、中国の「デジタル・シルクロード」戦略の一環と言えるだろう。

## ファーウェイの独自OS開発が意味すること

ところで、米国政府が、米国企業にファーウェイへの電子部品とソフトウエアの供給を禁じる決定をしたことで、ファーウェイ製のスマートフォンで今後、グーグルの主力アプリであるG-mailやユーチューブなどが利用できなくなり、さらにスマートフォン向け基本ソフト（OS）「アンドロイド」が利用できなくなる可能性が生じている。

グーグルが提供するG-mailやユーチューブ、閲覧ソフトのクロームは、世界全体の月間利用者がそれぞれ10億人以上にも達している人気アプリだ。ファーウェイのスマートフォンでこれらのアプリが利用できなくなれば、ファーウェイ、グーグルともに甚大な悪影響を受けることは避けられない。

今後グーグルのアンドロイドが利用できなくなれば、中国国内でのファーウェイのビジネスにも大きな打撃となろう。ファーウェイのスマートフォンは、全てアンドロイドに対応してきたためだ。

ただし、ファーウェイは、将来的にアンドロイドを使えなくなる事態に備えて、以前から独自のOSの開発を進めてきたという。中国の「国家知的財産権（知識産権）局商標局」は2019年5月に、ファーウェイが独自のOSの商標登録を終えたと発表した。このOSを搭載したスマートフォンが、2020年春にも発売されるとの報道がある。

多少時間を掛ければ、ファーウェイの独自のOS、アプリはその質を急速に高める可能性はあるだろう。それは、国外市場では受け入れられにくいとしても、中国市場には浸透していくことになるだろう。そして、さらなる独自の進化を遂げていくに違いない。

その結果、スマートフォンでは、完成品、部品、OS、アプリの全ての段階において、中国あるいは他の新興国を含む中国経済圏で中国製品が広がっていく可能性があり得る。また、通信網も中国企業によって支えられることになる。それこそが、中国が目指すデジタル・シルクロード構築だろう。

そして、このデジタル・シルクロードの構築の中に、いわば中国の通貨覇権の確立も意図されていると思われる。ファーウェイの5Gスマートフォンのアプリで、アリペイやウィーチャットペイが世界で幅広く使われ、さらにそれを通して人民元建ての決済を拡大させることを、中国政府は構想しているのではなかろうか。

背景には、中国に人民元の国際化を急ぐ必要が高まってきたという事情がある。次節では、この点について考えてみたい。

section
6-4

# 通貨覇権を目指す人民元の国際化戦略

## 中国の経常収支は2022年にも赤字に

中国では、貿易収支に加えて、サービス、投資収益収支などを含む経常収支が、米国との貿易摩擦が激化する以前から顕著に悪化していた。そして、米国との貿易摩擦の激化は、そうした傾向をさらに加速させることになっている。

中国の経常黒字額は、リーマン・ショック（グローバル金融危機）が発生した2008年に4200億ドル程度にまで拡大したが、その後は大規模な景気刺激策による輸入増加の影響などもあって、縮小傾向での推移を続けている。2015年時点で中国の経常黒字額は世界最大であったが、2016年にはドイツに抜かれ、また2017年には日本にも抜かれて、現在世界第3位となっている。

IMF（国際通貨基金）は、中国の経常収支は2022年にも赤字に転じると予想（2019年4月時点）している（**図表6-1**）。

経常黒字が縮小傾向を辿ったのは、サービス収支の悪化によるところが大きい。その背景にあるサービス支払いの急速な増加には、国外渡航規制の緩和などを受けて中国人の海外旅行が拡大したことも影響している。

そうした状況の下で、米国との貿易摩擦の影響で輸出抑制、輸入拡大の圧力がかかり、財の貿易収支が急速に悪化していけば、経常収支の悪化傾向が加速することは避けられなくなる。

## 鈍化する外貨準備額の増加

他方、こうした経常収支の悪化も一因となり、中国では外貨準備額（ドル建て）の増加傾向に歯止めがかかってきた（**図表6-2**）。

**図表 6-1 ● 悪化を続ける中国の経常収支**

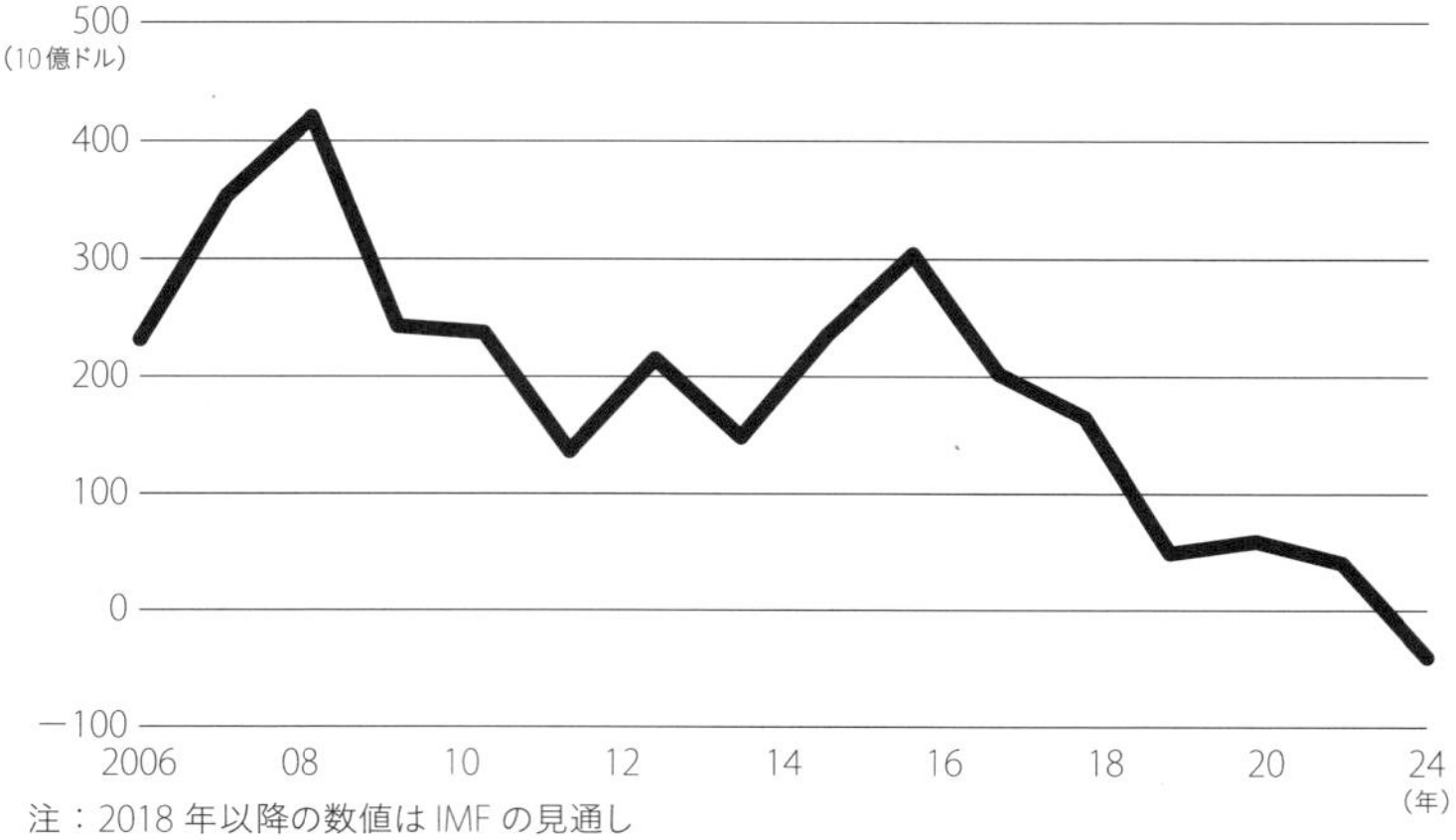


注：2018年以降の数値はIMFの見通し
出所：IMF

資本規制があり、中央銀行が国内での外貨管理に積極的に関与する中国では、外貨準備残高は経常収支の変化の影響を受けやすい。

中国の外貨準備額は、２００６年に日本を抜いて世界一になって以降、その地位を維持している。しかし、過去数年は、その増加ペースは明らかに鈍ってきている。背景には、既に見た経常収支の悪化などがある。

将来的に経常収支が赤字へと転じ、その赤字額が拡大を続けていけば、外貨準備残高は急速に取り崩されていくことになる。外貨準備残高は２０１７年時点で３兆２３５７億ドルとかなりの水準であることから、近い将来、外貨準備が無くなることを心配する必要はないが、今後の経常収支の動向次第では、それも将来のリスクとして中国は意識せざるを得なくなる。外貨準備が底をつくことが視野に

**図表 6-2 ● 日中の外貨準備残高の推移**

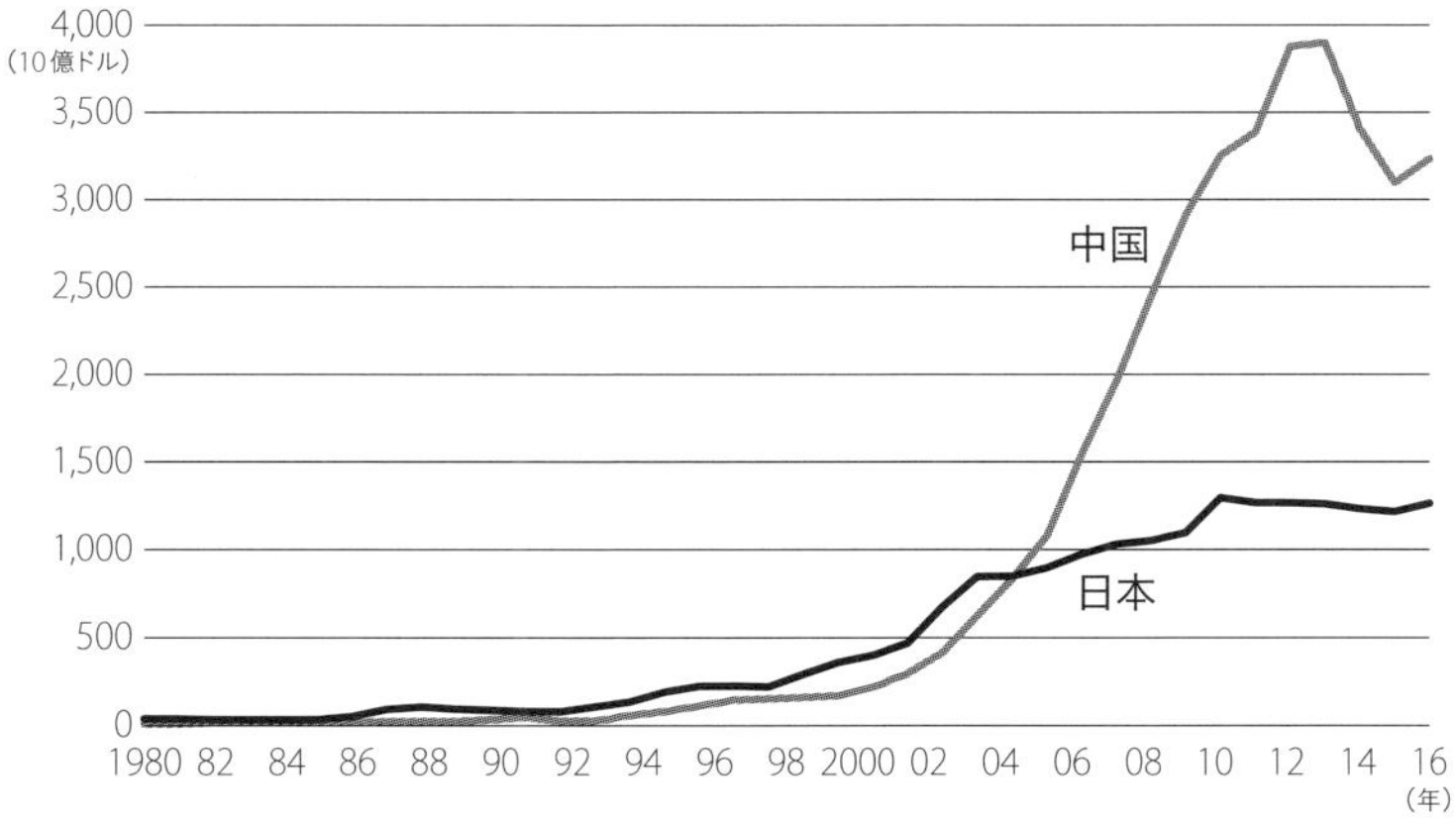


出所：World Bank (世界銀行)

入ってくれば、輸入代金の支払いやその他の外貨建て対外債務の返済に支障が生じてしまう。そうした場合には、輸入を大幅に削減することで経常収支を改善させることが強いられる。いわゆる「国際収支の天井」が生じて、経済活動に甚大な悪影響が及ぶ可能性があるのだ。

米国との貿易摩擦の激化を受け、輸出抑制などを通じて経常収支の悪化を強いられること自体、中国経済の成長には大きな制約となるが、それに加えて、外貨準備不足による対外債務返済の支障という金融面での問題も、将来的には中国経済の大きな制約要因になる可能性が出てきたのである。これは、米国との経済の覇権争いにとって非常に不利なことだ。

## 遅れた人民元の国際化

仮に、将来的に中国の経常赤字が大幅に拡大し、また、中国が外貨準備を大きく減らしてしまうとしても、人民元が国際通貨としての地位をしっかりと確立していれば、対外債務の返済に支障が生じる、いわゆる国際的な流動性の問題に直面するリスクは大きくない。

米国のように、輸入代金の支払いを含め、対外債務の大半がドル建てであれば、それは自国通貨で返済すれば良い。自国通貨を際限無く発行することができる中央銀行が債務返済に行き詰まって破綻しないのと同じように、基軸通貨国である米国は、自らドルを作り出し、それを幾らでも対外債務の返済に充てることができる。

ところが、人民元はそのような国際通貨の地位にはなお程遠い。また、いつでも人民元をドルに交換できるほどの高い信認を、国際市場で確立していないのだ。中国政府は長らく人民元の国際化に取り組んできたが、それは期待された程急速には進んでいないのが現状だ。人民元の国際的なプレゼンスの向上は、依然緩やかなペースにとどまっている。

国際取引において円はドル、ユーロに次いで世界第3位の通貨であり、2019年2月の時点でその比率は4・35%だ。これに対して人民元は1・15%にとどまっており、過去数年の間、その比率はほとんど上昇していない。しかも、人民元を使用した国際取引の大半は、香港で行われているものだ。

世界の外貨準備高のうち人民元が占める比率は、2016年末の約1・1%から足もと

中国は人民元の国際化を急ぐ

で約1・9％へと高まった。しかし、同じ期間に円の比率は約4・0％から5・2％へと上昇している。人民元は他通貨との交換性が高くないという流動性の問題を背景に、国外の借り手側の間では、人民元建て借り入れへの関心は依然として低いようだ。

中国が主導する一帯一路構想には、人民元の国際化推進という目的も含まれていると見られるが、一帯一路国でのインフラ投資でさえも、現状では、中国からの融資は圧倒的にドル建てが多い。

## 中国の銀行のドル手当てに不安

このように、中国企業の対外資産で人民元建ての比率が高まらず、ドル建てに偏る中、中国の民間銀行のドル調達の問題も次第に浮上してきている。

中国大手商業銀4行の年次報告書によると、2018年末時点のドル建て債務は、ドル建て資産を上回ることになった。2016年までは、ドル建て資産がドル建て債務を大きく上回っていたのにである。こうした変化は、主に最大手の中国銀行によってもたらされているようだ。2018年に中国銀行のドル建て債務は、ドル建て資産を700億ドル程度上回った〔＊15〕。

中国銀行はその年次報告書で、こうしたドル建て資産と債務の不均衡は、簿外のドル資金で十分に対処されていると説明している。それは、通貨スワップなどのデリバティブ取引だ。しかし、それらは安定したドル調達手段であるとは言えない。通貨デリバティブの大部分は、期限が1年未満と短期であることから、金融市場が不安定となり、取引相手がドルを出し渋れば、ドル資金の調達が一気に行き詰まってしまうからだ。

また、中国人民銀行（中央銀行）は、日本銀行などの主要中央銀行とは異なり、FRB（米連邦準備制度理事会）と相互に通貨のスワップ協定を結んでいない。そのため、非常時に、FRBからドルを調達し民間銀行のドル調達を助けることはできないのである。

最終的には、外貨準備を活用して民間銀行のドル調達を助けることは可能だが、それは人民元売りの為替介入に等しい。それによって人民元安が促されれば、国外への資金逃避の拡大といった混乱が生じ、また不当な通貨切り下げとの批判を米国などから受けることになる。さらに、外貨準備を積極的に銀行のドル調達に充てていけば、外貨準備を急速に減少させることにもなりかねない。

このように、人民元の国際化が順調に進んでいないことが一因となって、中国の民間銀行にドル調達不安という新たな問題まで生じているのである。

ドル調達の問題を緩和する観点からも、中国は人民元の国際化をこれまで以上に加速させることを強く目指しているはずだ。

section
6-5

# 決済システムでも独自路線を進む中国

## SWIFTとCIPS

中国経済の成長を阻みかねない金融面での問題として、国際決済システムの問題についても見ておこう。

貿易取引で見れば、既に中国は米国と肩を並べる規模に達している。しかし、こうした経済面での中国の存在感と比べると、金融面での存在感はまだまだ薄く、大きく見劣りしている。それを象徴するのが、既に述べた世界での人民元の利用度の低さである。中国が人民元の国際化を標榜してから既にかなりの歳月が経過しているが、意図した程に国際化は進展していない。

そこで中国は将来の人民元国際化の進展と、米国との対立がさらに深まり金融制裁措置などが発動されるリスクを視野に入れて、独自の国際決済システムを2015年10月に導入した。それが、CIPS（国際銀行間決済システム）である。

現在の世界の国際決済で、その中核を担っているのはSWIFT（国際銀行間通信協会）で、そのシステムを通じて送金情報がやり取りされている。SWIFT自身は送金や決済を担うわけではないが、銀行間の国際送金や決済を支える「メッセージ通信サービス」を提供している。SWIFTを通じて、膨大な量の金融取引情報が送受信されており、この送金情報がなければ、銀行間の国際送金は事実上成り立たない仕組みとなっている。

米国はこのSWIFTを、外交やテロ対策に利用してきたという経緯がある。SWIFTはベルギーに本拠地を置く国際的機関であるが、実際には米国の強い影響下にあるとされる。そのため、米国の制裁対象に指定された金融機関はこのネットワークから外され、国際送金ができなくなる。貿易取引によるドル建て決済ができなくなるのである。実際、トランプ政権は2018年11月に、制裁措置の一環でイランの複数の銀行を排除するように、SWIFTに圧力をかけたとされる。これにはイラン原油の禁輸措置の実効性を高める狙いがあった〔＊16〕。

## 国際決済システムを起点に人民元圏の拡大を狙う

SWIFTが米国の影響下にあるため、将来、米国から制裁を受ける可能性がある国には、それに備えて独自の国際決済システムを構築するという誘因が生じる。米中対立が強まり、中国もそうした制裁措置の対象となれば、貿易の決済に大きな支障が生じ、成長の大きな制約となってしまう可能性がある。中国がＣＩＰＳを導入した背景には、そうした事情があった。ロシア、トルコなど、米国が経済制裁の対象とした国々の銀行が、このＣＩＰＳに多く参加している。

日本経済新聞社の調査〔＊17〕によると、２０１９年４月時点でＣＩＰＳへの参加は89カ国・地域の８６５行に広がっている。参加銀行数を国・地域ごとに見ると、第１位が日本、第２位がロシア、第３位が台湾だ。

ＣＩＰＳの参加国には、一帯一路の参加国など、中国がインフラ事業や資源開発で影響力を強める国々の銀行も多く含まれている。マレーシアなどアジアの新興国に加えて、南アフリカ、ケニアなどアフリカの国の銀行も参加している。

既に見たように、一帯一路構想の中国関連事業では、依然として人民元決済の比率は小さいが、将来的には一帯一路周辺国に「中国経済圏」を一段と拡大させ、そこでの取引に人民元が多く使用される、つまり「人民元圏」も拡大させていくことを中国は展望している。成功すれば、同地域での国際決済の中核を担うのはＣＩＰＳとなるはずだ。

米国が貿易面で対中制裁を強めれば、中国は将来的にＳＷＩＦＴの利用を妨げられる可能性があることを警戒して、人民元の国際化、つまり貿易取引等での人民元の利用拡大とＣＩＰＳの利用拡大を加速させていくだろう。そうなれば、米国と対峙する国々のＣＩＰＳ参加も拡大していくに違いない。

section
6-6
# データを巡る米中覇権争いと日本

## G20で見えた米中の対立

ところで、2019年6月に大阪で開催されたG20サミット（主要20カ国・地域首脳会議）で議長国の日本は、国境を越えたデータ流通の国際ルールづくりの枠組み、いわゆる「大阪トラック」を高らかに提唱した。

データの有効利用こそが経済成長、開発、福祉に決定的な役割を果たすとして、声明文には、「データの潜在力を最大限活用するため、国際的な政策討議を促進することを目指す」と明記された。

しかし、G20サミットの場では、このデータ流通の国際ルールづくりに関連して、米中間の軋轢が際立ってしまった。中国の習国家主席は、「データは石油だ。公平で差別のない市場を作る。人的に市場に介入するのはよくない」とし、中国の大手通信機器ファーウェイの排除を進める米国を暗に批判した。さらに、「各国のデータの自主管理権を尊重し、データの安全と利用を確保する必要がある」と述べた。

これに対してトランプ米大統領は、「5Gの安全性と頑丈さが不可欠だ」とし、ファーウェイ製品排除の背景にはファーウェイ製品から機密情報が中国政府に移転されるとの懸念があることを暗に示した上で、「データ・ローカライゼーション（囲い込み）に反対している」と述べ、中国のデータ政策を批判した。

このように、日本が提唱する「大阪トラック」は、米中の対立が露呈する波乱の幕開けとなった。データ流通の国際ルールづくりは、米中のデータを巡る覇権争いの一環と位置付けられるが、そこには日本も強く関与しているのだ。

## 大阪トラックは中国の封じ込めが狙いか

自由貿易の旗手を自認する日本が、データ流通の国際ルールづくりを提唱した背景には、データを国際間で自由に流通させることが世界経済全体にプラスになるという考え方がある。財・サービスの国際貿易分野では、WTO（世界貿易機関）の下で既にルールが確立されている。それに対して、急増しているデータ分野では流通のルール、紛争処理のルールなどが皆無であることから、国際ルールづくりを模索するのは当然のことだ。

しかし、それだけでなく、日本政府には米国の意向を受けて中国を牽制する思惑もあると思われる。日本が特に関心を抱くのは、他国から中国へのデータ移転の制限である。日本は、アリペイが日本で日本人向けに決済サービスを始め、その結果、日本人の商品購入記録が中国に流れていくことを警戒している。現在、日本の銀行は日本でのアリペイを認めない姿勢であるが、背景には日本政府の意向が働いている可能性がある。

リブラは、中国のプラットフォーマーが提供するデジタル通貨であるアリペイ、ウィーチャットペイに対する、いわばアンチテーゼとして設計されている。そして、フェイスブックは、リブラがアリペイ、ウィーチャットペイが世界を席巻することを防ぐものとなることを強調している。

仮にアリペイ、ウィーチャットペイが世界に広がれば、それは中国のデータ覇権を強化すると共に、将来的には米国の通貨覇権を揺るがすきっかけとなる可能性もあるだろう。

こうした点を踏まえると、米国は、最終的には中国への対抗の観点からも、リブラの発行を認めることになると予想される。中国のデータ覇権を阻止するという点では、日本も米国と利害を共有している。

section
# 6-7
# リブラに対抗し中国が中銀デジタル通貨を発行へ

## 中国の中銀デジタル通貨発行計画を加速させたリブラ

主要国の中で初めて、本格的な中銀デジタル通貨、デジタル人民元の発行が、中国でいよいよ実現する見通しとなってきた。

実は中国人民銀行（中央銀行）は、2014年に中銀デジタル通貨の研究に着手していた。2017年には中国人民銀行デジタル通貨研究所も設立し、そこは多くのデジタル通貨技術関連の特許を出願している。

このように中国人民銀行は、以前から中銀デジタル通貨の発行に向けた準備を進めてきていたが、その動きを加速させるきっかけとなったのは、2019年6月にフェイスブックがリブラの発行計画を発表したことだ。

リブラは、中国以外の地域でのグローバルな利用を想定した設計になっていると考えられるが、中国当局は、いずれは中国でもリブラの利用が広がることを怖れ、先手を打って独自の中銀デジタル通貨の発行を急いでいる面があるのではないだろうか。

実際、中国人民銀行はリブラを明らかにライバル視しており、リブラのホワイトペーパーが6月に発表された直後に、デジタル通貨の開発を加速すると明言した。中国人民銀行の周小川前総裁は7月初旬に、「リブラが決済システムと国家通貨に対して脅威となる。そのため、中国政府は十分な準備をし、中国の元をより強い通貨にするべきである」と主張した。

また、中国当局は、中国の中銀デジタル通貨の発行をきっかけに国外でも人民元建ての決済が広がり、人民元の国際化が後押しされることを期待していると思われる。

中銀デジタル通貨が実際どのような仕組みになるかについては、未だ明らかにされていないが、中国人民銀行の関係者らの断片的な発言から、それを類推してみよう。

## 中銀デジタル通貨は現金を代替

中国人民銀行の中銀デジタル通貨は、現金の機能を代替することを強く意識して設計されている模様だ。つまり、銀行預金という民間銀行が提供する決済手段を代替するものではない、ということだ。中銀デジタル通貨が銀行預金を大規模に代替してしまえば、銀行預金が減少し、銀行の経営に悪影響が及んでしまう。それを避ける狙いがあるのだろう。

中銀デジタル通貨が現金にとって代わっていく場合には、現金の発行・流通に伴う諸コストを節約することができるという利点がある。それは現金の製造、輸送、保管に関わるコストだ。その中にはＡＴＭの設置、維持コストなども含まれる。このように、キャッシュレス化を進めることによって、コストを削減し、経済の効率性を高めることができる。

さらに、長年当局の頭を悩ませている人民元紙幣の偽造への対応ということも、中銀デジタル通貨発行の狙いの一つだろう。

## 銀行口座に依存しないデジタル通貨

他方で、アリババ、テンセントが担う決済プラットフォームであるアリペイやウィーチャットペイなど、既に民間デジタル通貨、スマートフォン決済がかなり広まっている中国で、中央銀行が自ら中銀デジタル通貨を発行し、キャッシュレス化をさらに進める必要があるのか、という疑問も出されている。

これに対して、中国人民銀行は、アリペイやウィーチャットペイの決済は最終的には銀行口座の中で決済がなされるのに対して、中国人民銀行が新たに発行する中銀デジタル通貨は、銀行口座に依存しないものになると、両者の違いを説明している。銀行口座に依存せずに決済が完了するのであれば、現金に近いものとなる。まさに現金にとって代わるものを、中国人民銀行は新たに発行しようとしているのである。

この点を、中国人民銀行決済精算司の穆長春副司長は、次のように説明している。「一般の人々にとってみれば、基本的な決済機能については（アリペイやウィーチャットペイなどの）電子決済と人民銀行のデジタル通貨での決済との境界は相対的にあいまいだ。しかし、人民銀行がこれから投入するデジタル通貨はいくつかの機能に関して電子決済と大きな違いがある。これまで電子決済ツールにおける資金の移動は必ず従来の銀行口座を経なければ完了しなかったが、人民銀行のデジタル通貨は従来の銀行口座を離れて価値を移転させることができ、取引段階で口座への依存度が大幅に低下する。わかりやすく言えば、人民銀行のデジタル通貨は現金と同じように流通が容易で、人民元の流通と国際化にとってプラスになる」。

## 個人は民間銀行などを通じて中銀デジタル通貨を入手する仕組み

また、穆長春氏が語ったところによると、人民銀行の中銀デジタル通貨は、「二層運営システム」を採用するという。上層は中国人民銀行と民間銀行との取引、下層は民間銀行と消費者との取引となる。

つまり、民間銀行は、中央銀行に預け入れている中銀当座預金を取り崩し、それを従来どおり、現金で受け取って顧客からの現金引き出しのニーズに応えるのに加えて、新たに中銀デジタル通貨で受け取ることも可能にする、ということなのだろう。そして、銀行の顧客は自身の銀行口座を取り崩して中銀デジタル通貨を受け取ることになる。まさに、個人が現金を入手するのと同じ手順で、中銀デジタル通貨を手に入れて使うことができる。

個人は中国人民銀行から直接中銀デジタル通貨を入手するのではなく、民間組織を通じて入手することになる。その中には、中国工商銀行、中国銀行、中国農業銀行などの大手銀行、銀聯、そしてアリババ、テンセントも含まれるという。

「二層運営システム」とすることについて穆長春氏は、「中国は教育やネットの普及具合、リテラシーに差がある。格差が大きい中、中央銀行が直接国民にデジタル通貨を発行するのはリスクが大きい」と説明している。

## 匿名性を高めることで利用を促す

さらに、アリペイやウィーチャットペイなど民間デジタル通貨とこの中銀デジタル通貨との違いに関連して、中国人民銀行は、その匿名性の高さを中銀デジタル通貨の特長に挙げている。アリペイやウィーチャットペイで個人が店舗で商品を購入する場合、誰が、いつ、どこで、何を買ったのかといった取引履歴が、アリペイやウィーチャットペイに蓄積される。そのデータを利用してアリペイやウィーチャットペイ、あるいはそれらの親会社に当たるアリババ、テンセントは利益を挙げている。

しかし、中国においても、個人データが利用されることに抵抗を持つ個人は少なくはない。それが、デジタル通貨の普及の妨げになっているとの認識が、中国政府、中国人民銀行にあると推察できる。中国人民銀行は、現在の銀行カードやスマートフォン決済などでは、利用者が望んでいる匿名性が十分に確保されていない、と説明している。

新たに発行する中銀デジタル通貨は、匿名性の高さに重きが置かれた設計となっている。この点でも、誰が使ったのか記録が残らない現金を代替することが、明確に意図されているのである。

中銀デジタル通貨の匿名性をどのような仕組みで確保するのか、その方策は未だ明らかではない。通常であれば取引履歴が残るが、そのデータに誰もアクセスできないような仕組みを作るのかもしれない。

あるいは、中銀デジタル通貨は口座で管理されるのではなく、個々の利用者のスマートフォンなど端末に価値が移転し、蓄積されるような仕組みになるのかもしれない。

一般にデジタル通貨は、口座で管理されるタイプと持ち運びされるタイプとに大別できるが、中国の中銀デジタル通貨は後者のタイプとなるのかもしれない。その場合は、電子マネーに近い存在となるだろう。個人が店舗で買い物をして、中銀デジタル通貨で支払った場合、その取引履歴は店舗には記録されるが、利用者は特定されないようにできる仕組みを考えている可能性もある。

匿名性を高めることで、中銀デジタル通貨の利用を拡大することが可能となるかもしれないが、他方でこの匿名性の高さは、マネーロンダリング（資金洗浄）など犯罪の温床になってしまう、という大きな問題点が残される。

## 金融政策の効果を高める狙いも

中国人民銀行研究局・通貨金銀局の王信局長は、「人民銀行のデジタル通貨は人民銀行の通貨決済機能を最適化し、人民銀行の金融をめぐる地位と金融政策の有効性を向上させる上でプラスになる」と述べている。中国銀聯の邵伏軍会長も、「人民元による法定のデジタル通貨は、金融の運営コントロールの効率を引き上げ、金融政策の手段をより豊富にすることができる」との見解を示している。

こうした発言から、中国での中銀デジタル通貨発行の目的の一つは、第5章でも見たように、金融政策の効果を高めることであると考えられる。具体的な内容は不明だが、可能性の一つとして考えられるのは、中銀デジタル通貨に金利を付け、これを中国人民銀行が操作することだ。既に見たとおり、中銀デジタル通貨に金利を付すことで、従来は民間銀行に影響を与えることで間接的にしかコントロールできなかった消費行動などの経済を、直接コントロールすることができるようになる。

## 人民元の国際化の起爆剤に

本章の冒頭でも述べたが、中国政府、中国人民銀行が中銀デジタル通貨発行の計画を前倒ししようとしているのは、国内でリブラに対抗してのことだ。が、それと同時に、国外での利用拡大を視野に入れてのことだと思われる。

中銀デジタル通貨を発行すれば、中国国内と国外海外との間で人民元建ての送金がなされるような場合に、迅速で低コスト、さらに中央銀行の高い信頼性が担保された新たな決済手段を提供することができる。高い利便性と信頼性を背景に、人民元建ての国際決済取引が世界で広まれば、米国との覇権争いに欠かせない、人民元の国際化に大きく貢献することになる。中国政府と中国人民銀行は、中銀デジタル通貨発行を人民元の国際化の起爆剤と考えているのかもしれない。

あるいは、銀行システムを通じた海外送金では、既に見たように、米国の影響力が現在のところ非常に高いことから、その影響力を排除するために、銀行システムを介さないシステムを通じて海外送金ができるようにすることを狙っている側面もあるのかもしれない。

いずれにしても、米中の通貨覇権争いの一環だと理解できるのが、中国の中銀デジタル通貨の発行計画なのである。リブラの発行計画と、中国の中銀デジタル通貨発行計画の発表により、小口決済分野を中心に、米中間の通貨覇権争いの火蓋が切って落とされた感がある。

人民銀行の穆長春氏は、2019年8月中旬のイベントで、中銀デジタル通貨の完成は間近であると述べている。発行されれば、主要国としては初めての中銀デジタル通貨の発行となる。

## 三つ巴の国際通貨覇権争いの構図も

リブラと中国中銀デジタル通貨の発行計画は、別の通貨構想も誘発し始めている。それは、主要通貨からなる新たな法定デジタル通貨の発行だ。

ドル一極体制の通貨システムが世界経済・金融の安定を損ねている面がある、との認識が広がっている。特にトランプ政権がドル安誘導を狙って通貨価値を操作する意向を強める中、実際、そうしたリスクは高まっているだろう。そこで、主要国の金融当局が協力して、主要通貨のバスケットから構成される新たな世界法定デジタル通貨を作るべき、との主張が出てきているのである。

英イングランド銀行のマーク・カーニー総裁は2019年8月に、米カンザスシティー地区連銀が主催する年次経済シンポジウム（ジャクソンホール会合）で、現在のドル一極体制のリスクを強調したうえで、それに代替する新たな通貨制度の構想を示した。それは、ドルと人民元を含む主要通貨のバスケットに基づく新たな法定デジタル通貨が、ドルと競うという将来の姿だ。この通貨は、「合成の覇権通貨」と呼ばれる。

リブラに批判的なフランス当局は、カーニー総裁の提案に沿って法定デジタル通貨を検討すべきだと述べるなど、次第に支持も広がり始めている。

このように、リブラの発行計画は、中国での中銀デジタル通貨とともに新たな国際法定デジタル通貨構想も誘発しているのである。その結果、国際通貨覇権を巡る争いはドル、デジタル人民元、デジタル主要通貨バスケットの三つ巴の様相を呈し始めている。ここに民間デジタル通貨と法定デジタル通貨の間での覇権争いという要素も加わり、国際通貨を巡る議論は俄かに複雑化の度を増し始めたのである。

＊13　"The Internet, Divided Between the U.S. and China, Has Become a Battleground", *The Wall Street Journal*, February 9, 2019

＊14　"The Internet, Divided Between the U.S. and China, Has Become a Battleground", *The Wall Street Journal*, February 9, 2019

＊15　"China's Banks Are Running Out of Dollars", *The Wall Street Journal*, April 23, 2019

＊16　「米制裁　ドル離れ招く　ロシア・イラン、代替決済探る」、『日本経済新聞』、２０１９年5月19日

＊17　「人民元　ドル覇権に一石　独自決済、89カ国・地域の８６５銀行に　米の制裁国取り込む」、『日本経済新聞』、２０１９年5月19日

第 7 章

# 2025年の<br>金融予想図

section

7-1

# リブラを受け入れる準備を整えよ

## リブラを捻り潰すべきではない

繰り返し見てきたとおり、フェイスブックが発行を計画している新たなデジタル通貨・リブラについて、世界の金融当局は強い危機感を抱いている。その発行が、既存の銀行制度や銀行の経営に大きな悪影響を与え、中央銀行の金融政策の有効性を低下させる可能性があることや、マネーロンダリング（資金洗浄）の温床にもなりかねないことなどが、その理由だ。

しかし、リブラが新興国の低所得者などが金融サービスの恩恵を受けられるようになる金融包摂を促すことには疑いがない。

こうしたリブラの社会的な意義を、フェイスブックはことさら強調している。これには、フェイスブックが新事業を認めさせるためのレトリックという側面もあるかもしれないが、フェイスブックの思惑とは別に、金融包摂という重要な意義があることを否定することはできない。

民間企業が生み出す様々なイノベーションを積極的に金融業に取り入れていくことで実現する、利便性の高い新しいサービスの提供を後押しすることは、金融当局の重要な務めでもある。

こうした点に照らせば、世界各国の金融当局はリブラ構想を捻り潰すべきではないし、また、実際にそうはしないだろう。リブラを捻り潰したとしても、第2のリブラは必ず出てくるし、フェイスブックが暗に指摘しているように、将来的には、中国のアリペイ、ウィーチャットペイ、あるいは第6章でみた中国の中銀デジタル通貨が、世界を席巻する可能性も考えられるからだ。

## 知見を集め万全の受け入れ態勢を

金融当局は、知見を集めてリブラがもたらす様々な問題点を洗い出し、適切な規制のありかたを十分に議論し、規制の体制を整えた上で、リブラを受け入れるべきだろう。今後、リブラに続くグローバルなデジタル通貨の発行が続くことも予想される中、この機会を使って、十分に時間を掛けて規制体系を作り上げておくことが求められる。

リブラは2020年前半に発行予定とされていたが、金融当局の規制方針が固まり、リブラ発行のゴーサインが出るまでにはかなり時間を要するだろう。そのため、2020年前半というスケジュールはもはや現実味を欠く。フェイスブックも当初示したスケジュールには必ずしもこだわらないという、柔軟な姿勢を示している。リブラの発行時期は、2020年後半や2021年にずれ込むか、場合によっては発行まで数年を要することも考えられる。

G7（主要7カ国）各国の中央銀行からなる作業部会は、リブラに対する規制策を議論しており、2019年10月に報告書をまとめた。しかし、プラットフォーマーと呼ばれるフェイスブックが金融業に参入することで生じるデータ独占とそれによる市場独占など、全く新しいタイプの問題への対応は、中央銀行間だけでの議論では不十分だ。

中央銀行と金融規制当局だけでなく、競争政策を担う当局とも連携しつつ、より包括的な対応を議論すべきだ。

大手プラットフォーマーの金融業参入を既に経験している中国当局は、それに対する規制のノウハウも蓄積している。また、リブラの利用が広がった場合に、金融システムや金融市場の安定や国家の通貨主権に最も悪影響を受ける可能性が高いのは、第5章で見たように法定通貨の信認が概して高くない新興国である。

こうした点を踏まえると、中国を含む新興国も議論に入ることが望ましい。G7よりもG20の枠組みを中心にして議論を進める方が適切ではなかろうか。

section
7-2
# プラットフォーマーへの規制をどう考えるか

## 銀行と同じ規制で良いのか

データ独占などの新たな問題を金融業に生じさせる可能性が高いプラットフォーマーを、どのように規制していくべきか。またそれを通じて、新しい金融制度の姿をどのように作り上げていくのか。その具体的な考え方を示してみたい。

前述のとおり、金融規制の目的は、個々の金融機関の破綻を防いで、公的な役割を担う金融システム全体の安定を維持することにあり、そのため、銀行は他業種と比して強い規制の対象となってきた。

新たに銀行業に参入するプラットフォーマーには、銀行と同様の規制が適用されることで、規制アービトラージが生じないようにすることが、まずは求められるが、それだけでは規制が十分ではない理由が2つある。

第1には、大手プラットフォーマーの金融サービスに対する規制には、より包括的なアプローチが必要だからだ。それには、競争促進政策や、データ保護政策などが含まれるだろう。

第2に、規制が最終的に目指すところは同じであっても、それを達成するために用いられる適切な政策手段が、伝統的な金融機関と大手プラットフォーマーとでは大きく異なるからだ。同じ規制手段を使っても、全く逆の結果を生んでしまうこともあるだろう。

こうした理由から、規制手段の選択は慎重に行うことが重要だ。

## 大手プラットフォーマーのための新たな金融規制

大手プラットフォーマーの参入が、現在の金融制度に大きな影響を与えるのであれば、既存の金融規制ルールをさらに拡張し、新たな規制の体系を作り上げることが求められる。その必要性が最も高いのは、既にプラットフォーマーの活動が盛んになってきている決済(支払い)分野である。

例えば、中国ではアリババグループなどのプラットフォーマーが提供するMMF(マネー・マーケット・ファンド)の半分は、期間が30日以内の銀行預金と銀行向け貸出で運用されている。そのため、プラットフォーマーのユーザーがMMFを解約する、あるいは再投資せずに償還させるといった選択をする場合、大量の銀行預金の引き出しを招く可能性があることに注意しなければならない。

このように、銀行が、その資金調達を決済プラットフォーマーが提供するプラットフォームに強く依存するという形で、新しい決済プラットフォームと銀行システムとが強く連動するという新たな構造変化が、この分野では既に進んでいるのである。

こうしたリスクの高まりを受けて、中国の金融当局は、決済プラットフォームを提供する全てのプラットフォーマーに対して、公的な決済システムを使うように義務付ける規制を導入した。その公的な決済システムとは、中央銀行当座預金口座を用いたものである。この点については、後に詳細を検討してみたい。

## 従来の新規参入規制は通用しない

大手プラットフォーマーに対する新たな規制では、新規参入の規制政策とデータ保護の規制政策との2つが大きな柱となるだろう〔＊18〕。まずここでは、新規参入の規制政策について論じてみたい。

一般に銀行業への新規参入を規制する際には、大きく2つの考え方がある。第1は、適切な競争状態の維持を最優先に考え、積極的に新規参入を認めることで競争を促し、独占・寡占の弊害を排除して既存銀行の市場支配力抑制を目指すという考え方だ。新規に参入する企業が、新たな技術を金融業にもたらすようなケースでは、その新規参入はとりわけ歓迎されることになる。

積極的な新規参入を認めている代表例がインドである。インドでは、モバイル決済業者が銀行間決済システムに加入することが積極的に推進されている。

第2は、金融システムの安定を最優先に考え、競争的でなく集中度が高い市場構造にして、一部の銀行が高い収益をあげて安定した経営がなされている状況が良いとする考え方だ。当然、新規参入を厳しく制限する規制が採用されることになる。

この二つは伝統的な新規参入政策に対する考え方だが、新規参入者が大手プラットフォーマーである場合には、第1の考え方は全く成り立たなくなってしまう。第4章で見たように、プラットフォーマーの新規参入が、銀行業界の競争条件を高めるどころか、低下させてしまう可能性が高いからだ。プラットフォーマーが自らの中核となるプラットフォーム、例えば電子商取引、ネット検索などを最大限利用することで、金融業での市場支配力を一気に高め、独占、寡占状態を作り上げてしまう可能性は小さくない。

従来の競争政策では、企業規模、価格設定、集中度などの指標で市場の競争状態を測ってきたが、プラットフォーマーが金融業に参入する場合には、そうした伝統的な指標は必ずしも役に立たなくなるだろう。

section
7-3

# データ規制が重要な鍵に

## データ共有の規制導入が一つの選択肢

次に、大手プラットフォーマーに対する新たな規制として「データ保護の規制」について考えてみよう。

ビジネス活動を通じて多くのデータを入手することは、一般的に、企業にとって有益なことである。デジタル形式でのデータは、他者と分け合ってもその価値が減らないため、競争相手も含めて多くの企業が共有することが容易に可能である。

プラットフォーマーは、ユーザーに提供するサービスの副産物として、大量の個人データをほぼゼロコストで入手できる。これらのデータが、他の企業にも自由に共有されるようになれば、社会の厚生を大きく高めるだろう。また、そうした条件の下では、ユーザーが他社のサービスに乗り換えるのにかかるコスト、いわゆるスイッチングコストが低くなり、プラットフォーマーによる金融業の独占は回避されやすくなる。

　こうした点を踏まえると、プラットフォーマーの独占を防ぐには、金融事業を通じて得た個人データの共有を促す規制策を講じることが必要であることが分かるだろう。

　データ共有に関連する規制の動きは、既に各国で見られている。その一つが、「オープン・バンキング・レギュレーション」と呼ばれるものだ。これは、金融サービス提供の認可を得た第三者事業者に、銀行の顧客データにアクセスすることを認めるものだ。銀行と外部の事業者との間の安全なデータ連携を可能とし、利便性の高い、高度な金融サービスをユーザーに提供する取り組みのオープンAPI（アプリケーション・プログラミング・インターフェース）も、その一つである。

　ただし現状では、個人データの所有権は法的に不明確だ。多くの国では、個人データの事実上の所有者はプラットフォーマーであり、個人は自らのデータにさえ自由にアクセスできないという不公平な状況に置かれている。

　そうした状況を改善するには、まず、個人のデータ所有権を法的に明確に認めた上、個人が企業に自らのデータを提供したり販売したりする権利を与えることが重要となるだろう。日本で2019年から始められた情報銀行制度は、まさにこのような考えに基づいたものだ。

## データ共有と共にデータ利用の規制が必要

ところが、仮にこのようにデータを共有する新たな規制を金融業に導入するとしても、データの価値、つまり大量の個人データを持つことで得ることのできる利益は、プラットフォーマーと銀行とでは決して同じではない、という新たな問題が生じる点には留意したい。プラットフォーマーにとってデータの価値は、銀行のそれよりも圧倒的に大きいのである。その結果、金融事業者がデータを共有しても、プラットフォーマーの市場支配を十分に抑制することにはならない可能性がある。

なぜなら、プラットフォーマーは電子商取引やSNS、ネット検索などの本来のビジネス分野で既に大量の個人データを入手しており、それらを金融業界で得た個人データと組み合わせ、個人を特定した分析をすることで、その価値を格段に高めることができるからだ。プラットフォーマーが、ネット・サービスと各種金融サービスとを同じスマートフォンのアプリ上で提供するような場合、それはより容易となるだろう。リブラの発行を足掛かりに、フェイスブックが預金・貸出業務、運用業務、保険業務など、決済業務以外の多くの金融業務に手を広げていくとすれば、こうした問題がより明確に浮上してくるのである。

こうした点を踏まえると、プラットフォーマーが金融業に参入した場合でも競争的な市場を維持するためには、金融サービスで得られたデータを共有する規制を導入することと同時に、その利用を規制することが、一つの解決策となるだろう。データ利用の制限は、プライバシー保護という観点からも非常に重要なことだ。

## 規制と共にユーザーの利便性への配慮も重要

GDPR（EU一般データ保護規則）はプライバシー保護の観点から、個人のデータ所有権を厳格に定めている。GDPRが保障する「データポータビリティ権」、つまり、個人が自らのデータを自由に他の企業に移すことができる権利により、EU域内では金融サービスでも他社への乗り換えが容易で、その結果、ネットワーク効果を発揮してプラットフォーマーが金融業で独占的な地位を占めることが回避できる。また、GDPRは企業が個人データを利用する際には、事前に個人の承認を得ることを条件とすることを定め、データ利用の規制策も講じている。こうした規制をグローバルに拡大することは、競争的な市場を維持するために効果的な方策となるだろう。

ここまでの議論をまとめてみよう。プラットフォーマーの金融業参入は、金融サービスのコストを低下させ金融包摂を促すなど、大きなプラスの側面があることは疑いがない。しかし、他方で、プラットフォーマーが高い市場支配力を発揮し金融業で独占的な地位を占めれば、ユーザーに不利益をもたらしたり、個人のプライバシーの侵害に繋がるようなデータの独占的利用をもたらしたりするリスクもある。

そうしたリスクに対応するには、既存の金融規制を厳格に適用するだけでは、明らかに不十分である。データ利用の規制や部分的にデータを共有するように義務付けるなど、新たな規制の導入が必要だ。また、プラットフォーマーの金融業参入の条件を厳しくする措置も検討されるべきかもしれない。

このように考えると、各国金融当局間の連携、あるいは金融当局と競争政策を担う当局（日本では公正取引委員会）、消費者保護を担う当局との連携が非常に重要になってくるはずだ。

他方で、こうした新たな規制の導入には、「低コストのサービスを受ける権利を妨げる」「アンバンクトが送金などの金融取引を利用できる機会が奪われる」といった反発が予想され、金融排除（ファイナンシャル・エクスクルージョン）の問題が浮上するリスクもあるだろう。

そのため、金融当局には、新たな規制を講じることと並行して、イノベーションを金融業に積極的に導入し、より低コストで利便性の高い金融サービスをユーザーに提供できるよう、既存の金融機関に強く働きかけることが求められる。

section
7-4

# 十分なリザーブを確保して価値の安定化を図る

## デジタル通貨利用拡大の鍵は価値の安定

前節では、大手プラットフォーマーが金融業に参入することで生じる可能性がある、市場独占、プライバシーの侵害などに対応する新たな規制について考えてみた。

だが、それだけでは十分ではない。規制当局は、リブラあるいは他の民間デジタル通貨が広く利用されるようになってからのことについても、予め十分に対応を考えておく必要があるだろう。人々がそのデジタル通貨を不安なく安心して使えるような環境を整えることも、当局の重要な役目だ。本節では、こうした観点から必要となる規制策について考えてみたい。

民間デジタル通貨の一種である多くの仮想通貨が、投資対象として取引されながら、商品購入などの支払い手段として利用されていないのは、第1章で見たように、その価値が極めて不安定であることによる。

この点から、デジタル通貨が支払い手段として広く利用されるための最低条件が、その価値の安定にあることは明らかだ。リブラはこの条件を満たしている。

電子マネー、スマートフォン決済では、デジタル通貨の価値が円などの法定通貨で表示され、支払い手段として利用する際の価値が保証されている。しかし、仮想通貨と呼ばれる民間デジタル通貨は、法定通貨との価格変動を減らす工夫が施されているものはあるものの、その価値は完全には法定通貨と結びついてはいない。

法定通貨との交換レートを安定させるためには、民間デジタル通貨の運営組織は、デジタル通貨の発行量をコントロールしたり、自ら法定通貨との交換を市場で行ったりする必要がある。これは、変動相場制の下でドルなど国外主要通貨に対する自国通貨の価値を安定させる通貨当局のオペレーション、ペッグ（連動）制度と同じ仕組みだ。

## 価値を安定させるために求められる制度

参考のためにこのペッグ制度について考えてみよう。その成否の鍵の一つは、当局が十分な外貨準備を保持しているか否かである。自国通貨がドルなど国外主要通貨に対して減価する場合でも、十分な外貨準備があれば、外国為替市場で当局が外貨売り自国通貨買い介入を行うことで、自国通貨の価値は維持されやすい。また、当局がそのような介入をするとの観測だけでも、為替市場で投機的な自国通貨売りは起きにくくなる。

しかし、経常赤字の拡大などによって外貨準備が減少すると、為替市場で自国通貨売り圧力が強まって、自国通貨を安定させるペッグ制度は崩壊してしまう。

一方、自国通貨を国外主要通貨に一定レートで固定するために、カレンシー・ボード制を導入している国もある。カレンシー・ボード制とは、通貨発行当局が、自国通貨の発行量を、固定レートの対象とする国外主要通貨の保有量（外貨準備）以下に抑えるものだ。自国通貨とその国外主要通貨の無制限の交換を保証することで、固定レートを維持する。1983年にドル固定のカレンシー・ボード制を導入した香港がその代表例だ。

こうした通貨制度から類推すると、民間デジタル通貨の発行管理運営組織が、リブラであればリブラ協会が、デジタル通貨と法定通貨の交換レートを安定させるためには、十分な資産をリザーブしておくことがデジタル通貨の価値の安定維持に必要であることが分かるだろう。デジタル通貨が常に主要法定通貨と交換できる環境であれば、デジタル通貨の信頼感は維持され、その価値は安定する。ビットコインのように、管理者がいない仕組みの仮想通貨ではこれは成り立たないのである。

## 部分準備制度とは何か

次に、リブラなど民間デジタル通貨の信頼性を考える観点から、銀行に適用されている準備預金制度についても確認してみたい。

現在の民間銀行は、顧客からの求めがあれば、顧客の預金を現金と交換しなければならない。そのために、用意しておく現金のことを支払準備金（リザーブ）と呼ぶ。銀行は、預金者の払い戻しに対応するため、一定額の現金を支店などに保有している。一方で、銀行は中央銀行の中銀当座預金に現金を預けており、それを取り崩せば現金を容易に入手することもできる。従って、民間銀行のリザーブは、銀行が手元に保有する現金と、中銀当座預金の残高の合計となる。

リザーブに関する現在の制度では、銀行は顧客の預金総額ではなく、一部に相当する金額だけを中銀当座預金として持つことが義務付けられている。これを部分準備制度（fractional reserve banking）と呼ぶ。

ひとたび銀行の経営に不安が生じると、顧客は預金が戻ってこないことを心配して、慌てて預金を取り崩すことになる。これを取り付け騒ぎ、バンク・ラン（bank run）という。

部分準備制度の下では、銀行は中銀当座預金を全て取り崩しても、全ての預金者が全額の解約を求めた場合、その要求に応えることはできない。速やかに、貸出金を回収したり、保有する証券を売却したりできれば、それを預金解約の要求に充てることは可能だが、容易ではない。証券の場合は流動性が低いため直ちに換金することは難しく、できたとしても、換金すると価値が大きく目減りしてしまうこともあるだろう。

預金の解約、つまり債務返済の請求に応えられなくなると、その銀行は破綻してしまう。そうした事態を回避するために、中央銀行は経営に不安がある民間銀行に流動性を供給し、中銀当座預金を増やす、あるいは所要準備（支払い準備として中銀当座預金に積んでおくことが法律で求められる銀行預金の一定比率分）の取り崩しも一時的に認める、という救済策を講じるのが普通だ。

他方、「100％準備制度」の下では、民間銀行の資産側には、負債側にある預金者の預金総額と同額の中銀当座預金が常にあることが求められる。その場合、銀行破綻は起きない。

しかし、この制度の下では、銀行が貸出を増加するには、保有している証券を売却して貸出に回すか、あるいは市場からより金利の高い資金を調達して貸出に回すしかなくなる。その結果、銀行の貸出は大きく制約され、預金という形で資金を集めて貸出に回すという、銀行に本来求められる間接金融の機能が大きく損なわれることになってしまう。

section 7-5

# 民間デジタル通貨を安心して使えるようにするために

## 十分なリザーブがデジタル通貨の信頼性の鍵

こうした銀行制度の議論を参考にしつつ、リブラなど民間デジタル通貨の信頼性、安全性について考えてみたい。

電子マネーやスマートフォン決済では、ユーザーが運営会社に入金することでデジタル通貨を入手し、それを支払いに使うことができる。ユーザーには法定通貨と固定レートで現金・預金に換金することが保証されている（換金できないものもある）ため、安心してデジタル通貨を手元に置き（チャージし）、使うことができるのである。デジタル通貨と現金・預金との換金を保証するためには、運営会社はデジタル通貨と同額以上の資産（リザーブ）を常に準備しておくことが必要となる。

運営会社がデジタル通貨の発行と交換でユーザーから入手した資金を、その国の銀行預金や短期国債等、価格が目減りしにくく信用力が高い、いつでも換金できる流動性の高い金融資産で保有することで、初めて、デジタル通貨は安心して使える支払い手段となるのである。

しかし、現状では、デジタル通貨が安心して使えるように、その発行と運営を担う組織を厳しく規制する法律は各国にない。そこが問題だ。

## デジタル通貨が破綻するケース

リザーブを銀行預金や短期国債などの安全資産で保有すると、銀行や国の財政が破綻しない限り、資産が目減りすることはない。後に議論するように、デジタル通貨の運営会社が中銀当座預金を持つことを認められれば、それは短期国債に近い性格のものであり、リザーブを構成する有力な資産となるだろう。しかし、運用利回りは低くなってしまう。

そのため、運営会社には、株式、社債など期待収益は高いが価格・信用リスクが高い、リスク性商品でリザーブを運用するインセンティブが生じる。しかし、運用で失敗すれば、発行したデジタル通貨に対して、リザーブの水準が過小となってしまい、デジタル通貨の信用力が大きく低下する。最悪のケースでは、ユーザーからの換金ニーズに応えられずに運営会社が破綻してしまうこともあるだろう。

また、リザーブの運用では失敗しなくても、親会社が経営破綻した場合、同様な事態へと発展する可能性もあるだろう。そうなれば、個人の支払いに大きな支障が生じ、経済活動にも悪影響が及ぶことになる。こうした深刻な事態を防ぐことは金融当局の重要な責務だが、それを実現するための法的な枠組みが未だ整備されていないことが問題なのだ。

ユーザーは現金と同じ感覚で民間デジタル通貨を利用していても、保有するデジタル通貨の価値が失われてしまうリスクがあるという点が、国がその利用を保証し中央銀行が一元的に発行する法定通貨の現金や中銀デジタル通貨とは大きく異なるのである。

## デジタル通貨が抱えるリスクへの対応策

ここまでの議論を踏まえると、民間のデジタル通貨が抱えるリスクへの対応策、規制措置としては、将来的には次の3点が考えられるだろう。

第1に、リザーブの水準を必ずデジタル通貨発行額かそれ以上に維持する、さらに、リザーブの運用を法定通貨建ての銀行預金、短期国債、中銀当座預金のような流動性の高い金融商品に限る、という規制を導入することだ。

後述する中銀当座預金については、デジタル通貨の運用会社に中銀当座預金の口座保有を認める、あるいは義務付けることで、それが可能となる。また、銀行免許が与えられた決済銀行等を通じて、間接的に中銀当座預金での運用をさせることも可能である。

第2に、運営会社あるいはその親会社が経営破綻する場合でも、ユーザーが保有するデジタル通貨が確実に換金されるように、リザーブを会社の資産と分離して管理する分別管理を義務付けることだ。これは、消費者保護のために必要な規制である。

第3に、リザーブの資産が目減りしても、デジタル通貨の換金を確実にさせ、デジタル通貨の信頼性を維持するために、運用会社に相当額の自己資本を持つことを義務付けることである。

運営会社がリザーブを銀行預金で多く保有する場合、そのリザーブは銀行の破綻リスクに晒されることになる。リザーブとして保有される銀行預金は、小口預金でなく大口預金となることから、預金保険制度による保護対象ともならない。個人が小口決済に用いる手段としては同じである銀行預金と民間デジタル通貨との間で、大きく異なる点の一つだ。

デジタル通貨が広く使われるようになった場合には、そのリザーブの中の銀行預金を保護する新たな制度の設計が必要となるかもしれない。

section
# 7-6
# 中国の経験に学ぶリブラの規制

## 既に金融参入している中国プラットフォーマー

金融業に参入した大手プラットフォーマーの先駆者は、中国のアリババ、テンセントであり、それぞれがアリペイ、ウィーチャットペイという（第三者）決済プラットフォームを作った。中国当局は、そうしたプラットフォーマーの金融業務に対する規制について既に数々の取り組みを実施している。中国で採用された施策の中に、リブラに対する適切な規制についての重要なヒントを見出すことができるはずだ。

近年中国で採用された規制措置の中で最も重要なのは、決済プラットフォームが提供する投資商品に対する制限と、決済プラットフォームに中央銀行の当座預金の保有を義務付けたことの2点である。

電子商取引最大手のアリババは、顧客間の商品取引を仲介し、支払いの安全性を確保するために、銀行に特別な口座、エスクロー（売り手と買い手の間に第三者、エスクロー業者を介在させて決済する取引形態）口座を持って決済業務を始めた。それが、アリペイという決済プラットフォームであり、今やウィーチャットペイと共に、中国のスマートフォン決済を二分している状況だ。

顧客は、自身の銀行預金からアリペイの銀行口座（エスクロー口座）に資金を移しておく（預託）ことで、スマートフォン決済サービスを利用することができる。ただし、アリペイの口座に資金を置いたままでは金利は付かない。そこでアリペイは、アリペイの口座にある有休資金を簡単に運用できる金融商品、中国版ＭＭＦ「余額宝《ユエバオ》」をユーザーに提供することを始めたのである。

## 決済プラットフォームのＭＭＦを規制

ユーザーは、スマートフォン上での簡単な操作を通じて、アリペイの口座から資金を移し、この余額宝で運用することができる。余額宝は最低1元から投資でき、手数料なしで現金を出し入れできる。余額宝を売却する際にも、一両日で資金がアリペイの口座に戻ってくる。その運用利回りは年率４％を超えていた時期もあり、余額宝の残高は世界最大規模にまで成長した。

しかしその後、余額宝の運用会社は、その規模の拡大に歯止めを掛ける措置を自ら講じた。一人当たりの保有額の上限を、それ以前の１００万元から10万元へと一気に10分の１まで引き下げた。また、1日の販売額にも制限を掛けた。その結果、余額宝の残高は1年間でピークから約4割も減ってしまったのである。

こうした措置は当局の指示によるもの、いわゆる規制の一環であった可能性が高い。その狙いは明らかにされてはいないが、大きく2つ考えられる。第1は、銀行の資金調達をよりコントロールする狙いだ。余額宝の残高の半分は、期間が30日以内の銀行預金と銀行向け貸出である。それは、銀行、特に中堅銀行や地銀にとって重要な資金調達源となっている。

その結果、企業の過剰債務の抑制などの構造改革を進める際に、銀行の貸出抑制を図るために銀行の資金調達を絞るような措置を講じても、この余額宝が抜け道となって、政策効果が弱められてしまう、という問題があったのである。

## 銀行システムの安定確保を狙ったMMF規制

余額宝などMMF規制の第2の狙いは、銀行システムの安定確保である。既に述べたように、余額宝の残高の半分は、期間が30日以内の銀行預金と銀行向け貸出である。ひとたび余額宝の投資リスクが意識されれば、個人は余額宝を一気に解約する、あるいは満期を迎えた資金を再投資しない可能性がある。その際には、余額宝の残高は急減し、そこで運用される銀行預金に資金調達を強く依存している銀行が、資金調達に行き詰まって貸出を抑制する、あるいは経営不振に陥ってしまう可能性がある。こうした銀行システムの不安定化リスクを軽減するために、余額宝の残高を抑制することが意図されたものと考えられる。

余額宝の解約は、決済プラットフォームの経営難などが生じることで、ユーザーがプラットフォーム全体から資金を引き揚げるような動きからもまた、引き起こされるだろう。

このような形で、プラットフォーマーが提供するプラットフォームと銀行システムとが強く連動するという、新たな構造変化が中国では既にかなり進んでいるのである。

そうした構図は、リブラについても同様である。リブラの裏付けとなる準備資産、リブラ・リザーブには、主要国通貨の銀行預金が含まれている。何らかの理由でリブラの信頼性が揺らぎ、リブラの換金が集中的に起これば、銀行預金の引き出しから銀行経営に深刻な問題を生じさせる可能性もあるだろう。

こうした点から、リブラ・リザーブでの民間銀行預金の保有に制限を加えることも、規制案の一つとなり得るだろう。

section
# 7-7
# リブラを現在の銀行制度に取り込んでいく

## 中銀当座（準備）預金の保有を義務付け

さて、金融業に参入した中国大手プラットフォーマーへの規制措置の中で、注目される第2が、中央銀行の当座預金の保有を義務付けたことだ。

2017年1月に中国人民銀行（中央銀行）は、アリペイ、ウィーチャットペイなど決済プラットフォームに対して、それぞれのエスクロー口座への入金額の12～20％相当分を、中銀当座預金として保有することを義務付けた。さらに2018年6月には、2019年1月までにその比率を100％まで引き上げるよう、毎月預金の比率を高めていくことを義務付けたのである。

中国人民銀行は、決済プラットフォームが、ユーザーから預かった資金を高リスク商品の投資に流用することを止めさせることをこうした一連の措置の目的としている。

アリペイ、ウィーチャットペイなどの決済プラットフォームは、ユーザーが余額宝などで運用する以外に滞留させている資金を、自ら投資に回して利益を得ていた。これは、銀行が顧客から預かった預金を基に、資産運用や貸出を行うという銀行のモデルと似ている。

しかし、銀行預金との大きな違いは、銀行は預金者に金利を支払うが、アリペイなどはユーザーに対して金利を払わないことだ。ユーザーはアリペイが提供するほとんどの決済サービスを無料で受けることができるが、このエスクロー口座の資金運用も、その無料サービスを支えてきた一つの要因と見られる。

2018年6月時点で、アリババなどが受け取っている金利は市場推定で1%台半ばであった。滞留資金は5000億元（約8兆3000億円強）規模にのぼり、年換算で1000億円超の金利収入を得ていた計算となる〔＊19〕。中国人民銀行の措置により、この収入が、一気に失われることになったのである。

## リブラ・リザーブに中銀当座預金を含める

この規制は、アリペイ、ウィーチャットペイなど決済プラットフォームがユーザーから預かっている資金を、直接中央銀行に預けることを義務付けるというものではない。その金額に相当する規模の中銀当座預金を保有することを義務付けるものだ。これは、既に見た銀行の10

0％準備預金制度に相当するものだ。

アリペイ、ウィーチャットペイなど決済プラットフォームのバランスシートで考えると、その負債側にあるユーザーからの預り金に相当する額だけ、資産側で中銀当座預金の保有を義務付けられる。ということは、別途、資金調達をしない限り、資産側では中銀当座預金以外の資産を持つことはできなくなることを意味する。資金調達をした場合には、金利を支払わないユーザーからの預り金と比べて、かなり高い金利を支払わなければならない。

アリペイ、ウィーチャットペイなど決済プラットフォームがユーザーから預かっている資金でリスクの高い投資を行う場合、仮に巨額の損失が生じればユーザーの換金、つまりユーザーがエスクロー口座から銀行口座に資金を戻すことができなくなる可能性がある。

また、それ以外の要因でも、アリペイ、ウィーチャットペイの経営が揺らげば、同様のことが生じ得る。そうなれば、顧客資産が保全されない可能性が生じ、アリペイ、ウィーチャットペイなどが提供する決済システムの信頼性が大きく損なわれてしまうだろう。中銀当座預金の保有を義務付けることで、こうした事態を防ぐことができる。

これと同様に、リブラの発行を担うリブラ協会が管理する準備金、リブラ・リザーブの一部、あるいは全てを主要通貨国の中銀当座預金で持つことを義務付けることは、リブラの信頼性、安定性を高め、ユーザーの利便性を高めることに繋がる。それは、リブラ規制の中で一つの重要な選択肢となるだろう。

さらに、中央銀行が中銀当座預金口座を通じ、必要に応じてリブラ協会に流動性を供給できる体制を整え、破綻のリスクを封じることで、リブラの価値への信頼性、リブラ利用の安定性を高める効果もまた期待できるのである。

こうした措置は、リブラ、あるいはその他のデジタル通貨を、現在の銀行制度に取り込んでいくことに他ならない。取り込むことで、同化させていく戦略でもある。

## 金融当局が資金の流れを把握

今まで見てきた2つの大きな規制に加えて、金融当局が決済プラットフォームによる資金の流れを把握し、マネーロンダリングなどを防ぐことを狙った措置も中国では講じられている。

２０１７年8月に中国人民銀行は、アリペイ、ウィーチャットペイなど決済プラットフォームが、２０１８年6月末までに、オンライン取引の清算プラットフォームとして設立された「網聯」に加盟することを義務づけた。決済プラットフォームと銀行が直接やり取りするのではなく、「網聯」が両者の仲介をすることで、金融当局が資金の流れを把握することができるようになったのである。

リブラ構想が発表されるかなり以前から、銀行ではない企業が提供する決済サービスの拡大に対して、中央銀行がどのように関与していくべきかについては、中国に限らず各国中央銀行の共通の課題となっていた。

プラットフォーマーを通じた資金の動きは、中央銀行の決済システムを経由しないことから、マネーロンダリングに利用されても分からないといった問題点も、中央銀行の共通の関心事となっていた。その上で、既に小口決済に大きな影響を与えているこうしたサービスに対しては、その決済の安定性確保という観点から、中央銀行が何をすべきかと広く議論されてきたのである。

イングランド銀行（ＢＯＥ）は、２０１７年5月に公表した報告書で、非銀行の決済サービス業者に対して、中銀当座預金を保有することや、中銀決済システムに直接参加することを認める考えを示した。非銀行の決済サービス業者を既存の中央銀行の決済制度に取り込むことで、監視を強化する、そして、決済の安定性を確保することを狙っているのである。

中国人民銀行による規制強化の例もそうだが、決済プラットフォームも銀行と同じ制度、規制の枠組の中に取り込んでいくことで、利用者保護やマネーロンダリング対策などを強化していくという方向が、世界的に大きな潮流になってきているのではなかろうか。

そうした考え方は、リブラの規制の議論にも大きな影響を与えることになるだろう。リブラ協会に中銀当座預金の保有を義務付ければ、中央銀行がその資金の動きをモニターすることが可能となる。

section 7-8

# リブラを中銀デジタル通貨とのハイブリッド型に

## デジタル通貨の安全性確保も中央銀行の使命

ここまでの議論を改めて整理してみよう。金融当局は、中国での規制の経験も謙虚に学んで、リブラのように支払い手段としてグローバルに広がる潜在力がある民間デジタル通貨への規制の体制を、この機会にじっくりと時間を掛けて形作ることが重要だ。その際には、性悪説に立って、大手プラットフォーマーが主導するデジタル通貨がもたらしうる様々な問題を洗い出すことが必要だろう。

リブラが発行され、支払い手段として広く使われるようになった場合には、金融当局の重要な役割は、リブラの安全性を確保して、利用者が安心して支払い手段として利用できるような環境を整えることだ。決済システムの安定維持は、中央銀行の重要な使命の一つである。

中央銀行が発行する現金や中銀デジタル通貨とは異なり、民間デジタル通貨は、それを発行する運営組織が破綻したり、民間デジタル通貨と換金できる十分な準備金を保有していない場合には、デジタル通貨の価値が実質的に低下し、無価値になってしまう可能性もある。そうなれば、人々はデジタル通貨を安心して使うことができなくなってしまう。つまり、社会インフラとしての決済システムは揺らいでしまうことになるのである。

こうした事態を避けるために、デジタル通貨の発行企業には、十分な資本を義務付け、また、準備金が目減りしないように安全資産での運用を義務付けることが有効となる。

リブラの場合には、リブラ協会がリブラを発行すると、それと同額分だけリブラ・リザーブが増える仕組みを採用している。リブラ・リザーブを構成するのは、主要通貨の銀行預金、短期国債等の安全資産である。ところが、預金先の銀行が破綻すれば、リザーブは目減りしてしまうという問題は残る。

## 中銀当座預金の保有を認めることも選択肢に

そこで、リブラやその他デジタル通貨の安全性を高める措置として、中国と同様に、デジタル通貨の発行企業が中銀当座預金を持つことを認める、あるいは義務付けることが、将来的には中央銀行にとって重要な選択肢になると考えられる。

中銀当座預金は最も安全な金融資産であることから、デジタル通貨の安全性、信頼性は高められる。さらに、デジタル通貨の発行企業が経営不振に陥っても、銀行救済と同様に、中央銀行は企業に流動性を供給してその中銀当座預金を増加させることで破綻を回避することができる。

さらに重要なのは、中銀当座預金を持つことを認めることと引き換えに、中央銀行はデジタル通貨発行企業の活動をしっかりと監視できることである。健全な経営を促す指導をすることも可能となる。例えば、日本銀行が民間銀行に対して中銀当座預金の保有を認める一方、様々な情報の提供を求め、また考査という臨店検査を行うことを可能としているのは、日本銀行と民間銀行との間の考査契約という民間契約に基づいている。

その場合、リブラなどの民間デジタル通貨は、社会インフラとして当局のお墨付きを得て、より公的なステータスを手に入れることになる。先に見たように、各国の金融法制度が異なることが、各国がリブラを受け入れていく際の大きな障害となり得るが、中銀当座預金の保有をリブラの運営を担うリブラ協会に認めれば、そうした法律上の問題は軽減され、各国でより迅速にリブラの利用が可能となると思われる。

そうしたデジタル通貨は、純粋な民間デジタル通貨と中央銀行が発行する中銀デジタル通貨との中間形態となるだろう。第5章で見たように、中央銀行が自ら中銀デジタル通貨を発行することによって、リブラなど民間デジタル通貨が生じさせる様々なリスクを減らすことは確かに可能である。

しかし、その場合には、民業圧迫となってしまい、民間のイノベーションを十分に活用できなくしてしまう恐れも生じる。こうした点に照らしても、中銀当座預金の保有を民間デジタル通貨の発行企業に認めることは、検討に値する選択肢だ。

これは必ずしも新しい議論ではない。インド準備銀行（中央銀行）、香港金融管理局、スイス国立銀行などの中央銀行は、既にノンバンク（非銀行）が中銀当座預金を持つことができるよう、特別な許可を与える考えを示している。イングランド銀行もそれを検討している。

さらに、既に見たように、プラットフォーマーが小口決済システムを席巻している中国では、アリペイ、ウィーチャットペイに中銀当座預金を保有させているのである。

## 中銀当座預金保有のプラス面

デジタル通貨が広く利用されるようになる局面では、発行する企業に中銀当座預金の保有を認めることのメリットは大きい。ＩＭＦ（国際通貨基金）はそれについて、５つのメリットを挙げている。今までの議論と重複する部分もあるが、議論の整理もかねてそれらを示してみたい。

①デジタル通貨を発行する企業が、デジタル通貨の換金に備えて保有する資産（リザーブ）は、デフォルトリスク、市場リスク、流動性リスク、為替リスクなど多くのリスクに晒される。

また、発行企業がデジタル通貨の発行額に対して過小な資産しか保有しないリスクもある。これらのリスクが高まると、デジタル通貨の利用性やその価値が損なわれる可能性が生じてしまう。中銀当座預金の保有は、こうしたリスクを解消したり軽減したりすることに大きく役立つ。

②デジタル通貨を中央銀行制度の取り込み、その監視下に置くことで、仮にデジタル通貨が独占的な地位を築いても、それによって利用者の利益が大きく損なわれるようなリスクを軽減することができる。

③リブラのような大手プラットフォーマーによるグローバル・デジタル通貨によって国内が席巻されるような事態を牽制することができる。プラットフォーマーは、ネットワーク効果、新規参入障壁の構築などを通じて、容易に独占状態を作ることができる。しかし、国内法定通貨で表示される国内デジタル通貨の競争条件を優位にさせるために、中央銀行が国内デジタル通貨の発行企業のみに中銀当座預金の保有を認めるといった裁量的な政策をとることで、国内銀行制度が破壊的な影響を受けるのを回避することができる。

④金融政策の効果を高めることができる。③のような裁量的政策で、大手プラットフォーマーのグローバル・デジタル通貨が国内を席巻するような事態を押さえれば、急速な現金の減少、銀行預金の減少による金融政策効果の低下を防ぐことができる。また、中央銀行の要請によって、デジタル通貨に金利が付され、その水準が中銀当座預金の金利と連動する

ような仕組みとすれば、金融政策の効果、特にマイナス金利政策の有効性を高めることができる。これは、中央銀行が自らデジタル通貨を発行する中銀デジタル通貨発行のメリットとして従来議論されてきたことである。

⑤中央銀行がデジタル通貨の発行企業に中銀当座預金の保有を認めることと引き換えに、より厳しい規制を受け入れさせたり、監視したりすることが可能となる。その規制とは、発行企業に対して顧客の取引を監視すること、本人確認、マネーロンダリング対策を義務付けること、顧客データや顧客資産の安全管理を義務付けることなどだ。デジタル通貨の発行企業に対する規制強化には、法整備が必要であり、それには概して時間がかかる。しかし、そうした企業に中銀当座預金の保有を認めれば、現在の法体系の下でも、かなり厳しい規制を早期に受け入れさせることができるだろう。

## 中銀デジタル通貨と民間デジタル通貨の中間形態に

民間デジタル通貨の利用が広がることで、中央銀行の利子所得（シニョレッジ）が減少して業務に支障が生じることや、銀行預金が減少して銀行の機能が低下すること、あるいは中央銀行の金融政策の有効性が低下するといった諸問題への対応策として、中央銀行自らが中銀デジタル通貨を発行することが、世界では広く検討されている。それも一つの選択肢である。

他方で、これまで議論してきたように、リブラなど民間デジタル通貨発行企業に中銀当座預金を持たせることを通じて、民間デジタル通貨を既存の中央銀行を含む銀行制度に取り込んでいくことも重要な選択肢となろう。

その際には、デジタル通貨は、中央銀行など金融当局の規制下、監視下に置かれる一方、決済の安全性や信頼性を高め、社会インフラとなるように、中央銀行によってサポートされる。

これは、まさに、中銀デジタル通貨と民間デジタル通貨の中間形態、あるいはハイブリッド型と言えるだろう。民間企業のイノベーションを尊重するという観点からも大きなメリットがある。

仮にフェイスブックが計画するリブラが、世界中で広く利用されるようになった場合には、各国がそれぞれ発行する中銀デジタル通貨では、グローバル通貨であるリブラには十分に対抗できない。従って、中銀デジタル通貨を発行するのではなく、リブラ・リザーブに主要国の中銀当座預金の保有を義務付けることで、リブラの安全性と信頼性を高め、世界の社会インフラとして根付かせていくことも、世界の金融当局にとっては重要な選択肢となるのではなかろうか。

## 国民の利益と2025年の金融予想図

リブラ計画を巡るフェイスブックの本当の狙いは、未だ藪の中にある。しかし、一方で、リブラ及びその他のデジタル通貨の発行や、大手プラットフォーマーの金融業参入により、イノベーションが金融業界に導入されることは明白だ。それによって、経済効率が高まり、ユーザーの利便性が向上するというプラスの効果があることも間違いない。

各国の金融当局が十分に検討しなければならないのは、大手プラットフォーマーの金融業参入によって既存の金融制度や金融政策などに破壊的な悪影響が及ばないよう、適切な規制策を選択し実施することだ。

それはいわば第1段階の規制だが、第2段階では、大手プラットフォーマーの提供する金融サービス、とりわけリブラなどのデジタル通貨を、人々が安心して使えるような環境を整えるための規制が必要だ。第1段階、第2段階の規制は両者とも、最終的には人々にとっての利便性、利益に資するものだ。あらゆる規制策は、この原則に基づくことが求められる。

そうした観点からは、リブラの発行など、大手プラットフォーマーの新たな金融サービスを、既存の金融サービスと区別するのではなく、既存の銀行制度の中に積極的に取り入れていくという考え方が重要だと思われる。

既に議論したように、リブラ協会など民間デジタル通貨を発行する企業に、中銀当座預金を保有させることも重要な選択肢となろう。そうなれば、リブラなど民間デジタル通貨は、中銀デジタル通貨と民間デジタル通貨の中間形態の性格を帯びるようになり、ユーザーの信頼感が高まり、利用者は増加する。

リブラが発行され、それが既存の金融制度の中に取り込まれ、既存の金融機関と安定的に並立していく均衡状態に至れば、その時点で金融サービスを利用する国民の利便性は、現在と比べて格段に高まるだろう。均衡状態に至るには多少の時間を要するが、リブラ発行までにまだ猶予があるとすれば、そうした姿が見えてくるのは2025年頃だと予想できる。

大手プラットフォーマーの新たな金融サービスと、既存の金融サービスとが共存し、新たなイノベーションが導入されてユーザーの利便性が一段と高められる――。それこそが、2025年の望ましい金融予想図だ。それをなんとしてでも実現することが、各国の金融当局者に課された大きな使命である。

＊18 "Big tech in finance: opportunities and risks", *BIS Annual Economic Report 2019*, June 23, 2019

＊19 「中国、スマホ決済前払い金保全義務、アリババなどに打撃、運用収入減」、『日本経済新聞』、2018年7月4日

# おわりに

本書で繰り返し強調してきたのは、リブラは、世界で17億人の銀行口座を持たないアンバンクトに、新たに低コストで便利な金融サービスの手段を提供するという大きな社会的意義を持っているということだ。リブラには様々な問題を引き起こすリスクがあるからといって、当局がその計画を潰してしまうのは正しいやり方ではないだろう。しかし、一方で、リブラを何の規制もなく受け入れれば、市場独占、データ独占などを通じて、現在の銀行制度に破壊的な影響をもたらし、最終的には多くの人々に不利益を生じさせてしまう可能性がある。

リブラを受け入れるには、各国当局がリブラを現在の金融制度に取り込む準備をしっかりと進め、万全の体制を整えることが求められる。そのためには幅広い視点からリブラやその他の大手プラットフォーマーの金融業への参入が将来引き起こしうる様々な問題をシミュレーションしておかなければならない。また、プラットフォーマーの生態、特に市場独占、データ独占といった独特のビジネスモデルを熟知している、競争政策を担う規制当局などの協力を仰ぐことも重要だ。

リブラが主にターゲットとしているのは新興国である。また、通貨主権を脅かされるなど、リブラにより最も大きな打撃を受ける可能性が高いのも、その新興国である。従って、リブラの規制のあり方を考える際には、先進国だけでなく新興国も巻き込んで議論を重ねることが非常に重要だ。大手プラットフォーマーのデジタル通貨発行、金融業参入で先行している中国の経験を謙虚に学ぶ姿勢も求められる。

将来的には、リブラ、あるいは大手プラットフォーマーが、今の金融機関と共存し、より良い金融制度が新たに形作られることが理想なのではなかろうか。人々は現在よりもずっと便利で低コストの金融サービスを受けられるようになるべきだ。その実現のためには第7章で議論したとおり、リブラを既存の制度に敵対する存在として扱うのではなく、中銀当座預金を持たせるなど、現在の金融制度の中に積極的に取り込んでいくことも重要な選択肢となるだろう。

リブラへの規制策を考えていく上では、人々の利便性を最大限高めることを最終目標にしっかりと据えるということが大原則となることは言うまでもない。

最後に、本書の刊行にあたり多大なご支援をいただいた、東洋経済新報社の齋藤宏軌氏に感謝を申し上げたい。また、野村総合研究所の三浦英子氏からは、図表作成など多方面で大きな協力を得たことを申し添えておく。

【著者紹介】

**木内登英**（きうち　たかひで）

1963年生まれ。1987年早稲田大学政治経済学部卒業、同年野村総合研究所入社。一貫して経済調査畑を歩む。1990年野村総合研究所ドイツ（フランクフルト）、1996年野村総合研究所アメリカ（ニューヨーク）で欧米の経済分析を担当。2004年野村證券に転籍し、2007年経済調査部長。2012年7月〜2017年7月、日本銀行政策委員会審議委員。現在、野村総合研究所エグゼクティブ・エコノミスト。

主な著書に『異次元緩和の真実』（日本経済新聞出版社、2017年）、『金融政策の全論点』（2018年）、『決定版　銀行デジタル革命』（いずれも東洋経済新報社、2018年）など。

決定版　リブラ

世界を震撼させるデジタル通貨革命

2019年12月26日発行

著　者――木内登英

発行者――駒橋憲一

発行所――東洋経済新報社

〒103-8345　東京都中央区日本橋本石町1-2-1

電話＝東洋経済コールセンター　03(6386)1040

https://toyokeizai.net/

装　丁……………吉住郷司

本文レイアウト……村上顕一

印刷・製本………丸井工文社

編集協力…………岩本宣明

編集担当…………齋藤宏軌


Printed in Japan　　ISBN 978-4-492-68146-6